AF719961

BusinessVillage

Michael Kühl-Lenjer

Lernen + leben mit Köpfchen

Potenzial nutzen, Leichtigkeit gewinnen!

Eine Gebrauchsanleitung fürs Gehirn

BusinessVillage

Micheal Kühl-Lenjer
Lernen + leben mit Köpfchen
Potenzial nutzen, Leichtigkeit gewinnen! Eine Gebrauchsanleitung fürs Gehirn
1. Auflage 2024

Bestellnummern
ISBN 978-3-86980-744-7 (Druckausgabe)
ISBN 978-3-86980-745-4 (E-Book,PDF)
ISBN 978-3-86980-746-1 (E-Book,epub)

Direktbezug www.BusinessVillage.de; PB-1171

Bezugs- und Verlagsanschrift
BusinessVillage GmbH
Reinhäuser Landstraße 22
37083 Göttingen
Telefon: +49 (0)5 51 20 99-1 00
E-Mail: info@businessvillage.de
Web: www.businessvillage.de

Autorenfoto | PicturePeople GmbH & Co KG

Abbildungen im Buch und Umschlaggestaltung | Sigi (Siegfried) Bütefisch, www.buetefisch.de

Layout und Satz | Sabine Kempke

Druck und Bindung | www.booksfactory.de

Inhalt

Über den Autor ... 9

Zum Start ... 11

1. Das Gehirn ist erst einmal, wie es nun einmal ist ... 17

1.1 Steinzeitliche Verhaltensgrundmuster wirken bis heute ... 19
1.2 Der Mensch kommt nicht als unbeschriebenes Blatt auf die Welt ... 21
1.3 Das Gehirn ist ein Sparfuchs ... 22
1.4 Informationsflut – Hirn schlägt Computer ... 23
1.5 Nicht der Verstand, Emotionen sind der Schrittmacher unseres Lebens ... 25
1.6 Die Trennung von Körper und Geist ist überholt ... 26
1.7 Erinnerungen prägen unsere Identität ... 28
1.8 Selbst ist das Hirn – Selbstheilungskräfte reparieren das Gehirn ... 31

2. Fünf Leistungsturbos für leichteres Lernen und mentale Fitness ... 33

2.1 Geistig fit mit Genuss – Brainfood ... 35
2.2 Bewegung lässt die Neuronen sprießen ... 41
2.3 Aufräumen, wegräumen, abspeichern. So macht Schlaf mental fit ... 45
2.4 Step by step ist das neue schnell ... 48
2.5 Vielen nicht bekannt: geistige Power durch Aufmerksamkeitssouveränität ... 53

3. Das Gehirn hat keine Speichertaste – Lern- und Entwicklungsprozesse neu betrachten 57

3.1 Raus aus negativen Informations- und Denkspiralen 60
3.2 Verborgene Talente wecken 65
3.3 Lernprinzipien für mehr Lernerfolg 69
3.4 Lernen bedeutet verstehen 74
3.5 Digitales Lernen: Erkenntnisse nach dem ersten Hype 79

4. Pausen und andere Beschleuniger der Neuroplastizität 87

4.1 Die unterschätzte Kraft der Pause 89
4.2 Neugierde – der zu wenig beachtete Treiber für Lernende 94
4.3 Leistungsturbo »Handy aus«: digitale Reizreduktion für neue Denkräume 100
4.4 Handyfasten und digitale Entgiftung 105
4.5 Stimmt dein Glücksbarometer? 109
4.6 Leistungs- und Zufriedenheitsturbo durch gute Entscheidungen 115
4.7 Anfangen können – ein unterschätzter Brainpowerfaktor 121
4.8 Neuropsychologische Wege, um sich und andere zu verändern 126

5. Die schönste Form des Gehirnjoggings: Gemeinsamkeit und Beziehungen 137

5.1 Gemeinsam mehr erreichen 139
5.2 Richtig gesagt ist richtig verstanden? 144
5.3 Die andere Seite von Gemeinsamkeit: Konflikte erkennen und lösen 150
5.4 W. ni . . r i . t m . . r 156
5.5 Wenn gemeinsame Projekte scheitern 163

5.6 Gut für die mentale Fitness: sozialer Klebstoff 167
5.7 Das schlechte Gewissen: Beziehungskiller oder gesellschaftliche Norm? 171
5.8 Bilder – die Sprache des Gehirns nutzen, auch fürs Gehirnjogging 176

6. Das sagt die Neurowissenschaft zu mentaler Fitness 181

6.1 Forever young 183
6.2 So halten Sie Ihr Gehirn auf Trab 188
6.3 Wir können stumpfe Routinen und lästige Gewohnheiten ablegen 193
6.4 Wie wir Zeitfresser abschaffen und mehr sinnvolle Zeit gewinnen 198
6.5 Das eigene Stresstoleranzfenster kennen und nutzen 202

7. Konzentriert und mit neuem Köpfchen das Leben angehen 207

Literatur 215

Über den Autor

Michael Kühl-Lenjer verknüpft langjährige Vertriebs-, Führungs- und Trainingserfahrungen mit aktuellen Erkenntnissen der Gehirnforschung. Als Business-Trainer und Kommunikationsberater unterstützt er Unternehmen und Ausbildungsinstitute dabei, neurowissenschaftliche Aspekte in ihre Aus- und Weiterbildung einfließen zu lassen. Michael Kühl-Lenjer ist Mitglied in der Akademie für neurowissenschaftliches Bildungsmanagement (AFNB) und bezieht seine neurobiologischen Kenntnisse direkt von Wissenschaftlern.

Kontakt:
E-Mail: mkl@kuehl-lenjer-training.de
Web: www.kuehl-lenjer-training.de

Zum Start

Sicherlich sind Sie nicht auf den Kopf gefallen und gehören nicht zu den Menschen, die mit dem Kopf durch die Wand wollen oder bei Problemen den Kopf in den Sand stecken. Vielleicht haben Sie schon mal Kopf und Kragen riskiert und zunächst nicht gewusst, wo Ihnen der Kopf steht. Schließlich waren Sie von Kopf bis Fuß von einem Vorhaben begeistert, haben sich den Kopf zerbrochen und letztlich das verwirklicht, was Sie sich in den Kopf gesetzt hatten. Herzlichen Glückwunsch, Sie haben kein Stroh im Kopf, sondern ein leistungsstarkes, lernwilliges und bestens funktionierendes Gehirn.

Wir könnten die Redewendungen rund um unseren Kopf beliebig fortsetzen. Das ist an dieser Stelle unnötig, denn wir wissen, worum es geht: um unser Gehirn.

Unser Gehirn ist ein drei Pfund schweres Organ, das tagein, tagaus vom ersten bis zum letzten Atemzug zuverlässig funktioniert. Ein riesiges Netzwerk von sechsundachtzig Milliarden Nervenbahnen, die bis zu zweihunderttausend Verbindungen mit anderen Neuronen knüpfen können und in der Lage sind, bis zu zweihundert Billionen Verbindungen insgesamt untereinander zu bilden. Innerhalb von Bruchteilen von Sekunden werden Reize der Sinnesorgane bewertet und verarbeitet sowie der Bewegungsapparat gesteuert. Wir treffen Entscheidungen und machen uns tausend Gedanken. Unser Hirn kontrolliert unser gesamtes Verhalten. Es ist äußerst anpassungsfähig und bestens in der Lage, eine lebenswerte Zukunft anzubahnen.

Herauszufinden, wie dieses Wunderwerk der Natur funktioniert, gehört zu den faszinierendsten Aufgaben der Wissenschaft. Und es sind nicht nur die Hirnforscher, die unseren Denkpalast erkunden, auch Psychologen, Mediziner, Sprachwissenschaftler und Menschen weiterer benachbarter wissenschaftlicher Bereiche arbeiten interdisziplinär zusammen. Das Gesamtergebnis ist beeindruckend und hilft, Krankheiten zu therapieren, das Lernen gehirngerecht zu unterstützen und auch die Grenzen der jeweiligen Leistungsfähigkeit zu kennen. Wir sind mit unserem Wissen rund um das Hirn einen gehörigen Schritt vorangekommen, doch viele Kenntnisse liegen noch im Verborgenen.

Vieles von dem, was wir heute über unser Hirn wissen, ist Ergebnis wissenschaftlicher Untersuchungen. Die Wissenschaft liefert Erklärungen, sie sagt uns aber nicht, wie wir ein glückliches Leben führen können. Zudem ist Wissenschaft für die meisten Menschen trocken wie ein Stück Knäckebrot und selten Gesprächsthema in einer Partynacht. Ihre Erkenntnisse über unser Denkorgan für Nichtwissenschaftler packend darzustellen ist mein Anliegen.

Wir leben in einer Wissensgesellschaft, die geprägt ist von einem Übermaß an Informationen, einer hohen Innovationsdichte und einer atemlosen Lebensgeschwindigkeit. Es fällt uns gefühlt immer schwerer, aus unserem Wissen Nutzen zu ziehen. Die Pferdestärken des eigenen Wissens auch in Anwendung zu bringen ist eine Kunst, die erlernt sein will.

Viele hungern nach Wissen und ertrinken in Informationen. Menschen fühlen sich gestresst, ausgepowert und leiden zuweilen auch an geistiger Verstopfung. Mitunter geht einfach nichts mehr. Digitale Medien berühren inzwischen alle Bereiche des Lebens, unsere Arbeit, unser Privatleben und die Art zu denken. Dieser temporeichen Zeit zu entkommen, fällt den meisten Menschen schwer. Eine Veränderung kann gelingen, wenn einem die Mechanismen der Gehirntätigkeit besser bekannt sind und uns bewusst ist, was wir tun und was wir besser lassen sollten.

Heutzutage kommt es mehr denn je darauf an, einen kühlen Kopf zu bewahren und auf die eigene Kraft von Körper und Geist zu vertrauen. Wir wollen äußere Veränderungen nicht nur erleben, sondern auch ein Stück weit die Zukunft und somit das eigene Schicksal mitgestalten. Und derjenige, der weiß, wie sein Denkorgan arbeitet, weiß besser, wie er Schritt halten und besser leben kann.

Mit diesem Buch möchte ich Leserinnen und Lesern dabei helfen, vom Gehirnbesitzer zum glücklichen Gehirnbenutzer zu werden. Diese treffende Analogie stammt übrigens nicht von mir, sondern von der verstorbenen Trainerin Vera F. Birkenbihl (2018), deren Bücher und Denkweisen ich schätzen gelernt habe.

Ich möchte dazu anregen, dass Sie sich etwas mehr um Ihren Kopf kümmern. Nein, nicht Haare waschen, Gesicht schminken oder eine neue Frisur zulegen. Es geht mir eher darum zu vermitteln, was unter der Schädeldecke im Dunkeln arbeitet. Für unseren Körper tun wir gerne etwas Gutes. Wir stählen unsere Muskeln in Fitnessstudios, wir treiben Sport und essen gesunde Speisen. Der Körper wird auf vielfältige Weise »optimiert«, und jetzt, so zeigt die Entwicklung der letzten Jahre, ist das Gehirn dran. Vermehrt werden Gehirnjogging, Denksportaufgaben und Gedächtnistrainings angeboten. Sie suggerieren, dass wir unseren Denkapparat auf Trab bringen. Das ist häufig falsch.

Doch steckt die Aufmerksamkeit, die wir unserem wichtigsten Organ schenken, noch in den Anfängen. Nach dem Hype um den Körperkult folgt nun Gehirnoptimierung. Das klingt merkwürdig. Denn das beste Training für unser Gehirn ist unser Denken. Wir sollten es umfassend, aufmerksam und abwechslungsreich gebrauchen. Es ist gehirnfreundlich, wenn wir den mentalen Dämmerzustand verlassen und uns von gewohnten Verhaltensritualen verabschieden. Unser Gehirn bringt Tag und Nacht Höchstleistungen bis ins hohe Alter. Es altert viel weniger als unsere anderen Organe, was für sich betrachtet schon äußerst faszinierend ist. Es arbeitet in der Regel auch bereits zuverlässig. Da sind Optimierungsbestrebungen, Gehirndoping oder Medikamente, die versprechen, die Leistungsfähigkeit zu steigern, oft sehr fraglich oder sogar völlig nutzlos.

In diesen hektischen Zeiten braucht unser Gehirn kein chemisches oder technologisches Upgrade, sondern seiner Natur angepasste Aufgaben und Herausforderungen. Bewegung in neuen Gefilden ist das Beste, was Sie auch für Ihren Denkpalast tun können. Bieten Sie Ihrem Oberstübchen neue Erlebnisse, mehr Abwechslung und Premieren, etwas Unbekanntes. Lernen Sie eine neue Sprache oder ein Instrument. Vor allem: verlassen Sie ritualisierte Verhaltensweisen. Falls Sie überwiegend am Schreibtisch tätig sind, wechseln Sie doch einmal zu handwerklichen Tätigkeiten. Wenn Sie arbeiten, gönnen Sie sich und Ihrem Hirn öfter eine Pause. Der mittelalterliche Abt Bernhard von Clairvaux (1090 – 1153) schrieb schon vor fast eintausend Jahren: »Ziehe dich ab und an von dem zurück, womit du dich beschäftigst.«

Zahlreiche Ausführungen in dem vor Ihnen liegenden Buch beschäftigen sich mit der Digitalisierung und deren Einfluss auf unsere Lebensweise. Das Internet, die Digitalisierung und die elektronischen Tools haben unser Leben in vielfältiger Weise einfacher gemacht und auch erweitert. Wir haben einen nie zuvor dagewesenen Zugang zu Informationen, wir kommunizieren auf zahlreichen Ebenen miteinander und profitieren umfassend von der Digitalisierung. Doch sind die Nebenwirkungen und Folgen dieser Errungenschaften für viele Menschen eben auch belastend, orientierungsstörend und zuweilen sogar gesundheitsschädlich. Es ist mein Anliegen, dazu beizutragen, dass wir eine lebenswerte Balance zwischen elektronischer und persönlicher Begegnung finden, dass wir mit den digitalen Möglichkeiten achtsam umgehen, sie nicht als Ersatz für persönliche Kontakte gebrauchen und zuweilen einfach auch mal die Geräte abschalten. Denn eines ist sicher: Unser Gehirn ist, so wie es uns aktuell zur Verfügung steht, etwa sechzigtausend Jahre alt. Sehen wir ihm nach, dass es auf digitale Reizwelten nicht perfekt vorbereitet ist. Es ist weiterhin ein soziales Organ, das eine Begegnung auf Augenhöhe dringend braucht!

Dieses Buch ist geschrieben für Neugierige und Wissensdurstige, die sich für die verschiedenen Aspekte unseres Gehirns interessieren, aber kurze Denkanstöße bevorzugen. In diesem Sinne ist es bestimmt modern und auf die Lesewünsche junger Generationen ausgelegt. Es kommt immer zügig auf den Punkt und bietet immer schnell Anwendungswissen an. Zusätzlich sind einige Lesetipps für Wissenshungrige angegeben. Ziel dieses Buches ist es, anzuregen und mit Leichtigkeit die Schätze der eigenen Persönlichkeit zu heben.

Und noch etwas: Halten Sie, wenn sie ein älterer Leser sind, unbedingt Kontakt zu jungen Menschen, so lernen Sie quasi automatisch, mit Veränderungen umzugehen, und bleiben fit. Wir kommen hierauf in diesem Buch noch einmal zurück.

Falls Ihnen nach der Lektüre der Kopf rauchen sollte, die Gedanken kreuz und quer durch Ihren Kopf schwirren und Sie spüren, wie die Konzentration nachlässt, dann – Kopf hoch! Gönnen Sie sich einfach eine Pause und steigen dann wieder in den Leseprozess ein.

1

Das Gehirn ist erst einmal, wie es nun einmal ist

»Die größte Revolution unserer Generation ist die Entdeckung, dass menschliche Wesen die äußeren Aspekte ihres Lebens verändern können, indem sie die inneren Einstellungen ihres Geistes verändern.«

William James (1842–1910), Begründer der Psychologie

Im Vergleich mit dem Tierreich fällt auf, dass nahezu jedes Lebewesen uns in irgendeiner Eigenschaft überlegen ist. Wir Menschen können nicht besonders gut hören, sehen oder riechen, haben weder Krallen noch Reißzähne, sind verglichen mit einer Antilope ein lahmes Wesen. Aber keine andere Art hat die Erde so stark geprägt wie der Mensch, und das auch noch in einer für die Evolution sehr kurzen Zeitspanne. Von daher sprechen Wissenschaftler heute vom Zeitalter des Anthropozäns, vom durch den Menschen geprägten Zeitalter der Erdepoche. Was hat die Entwicklung von Homo sapiens bis zur heutigen Stufe also vorangetrieben?

Menschliche Fähigkeiten wie Sprache, Kultur oder Bewusstsein sind nicht aus dem Nichts entstanden. Vielmehr ist es uns gelungen, stammesgeschichtlich bewährte Mechanismen beizubehalten und weiterzuentwickeln. Und das gelingt nur in Gruppen, die mit- und untereinander kommunizieren. Unser Gehirn ist und bleibt ein soziales Organ. Das hat die interdisziplinäre Forschung mehrfach bestätigt. Soziale Beziehungen sind ein Evolutionstreiber. In Gemeinschaft erreichen wir mehr, Humor beispielsweise ist ein Klebstoff für ein gedeihliches Miteinander und Konflikte können wir nur gemeinsam lösen.

1.1 Steinzeitliche Verhaltensgrundmuster wirken bis heute

Betrachten wir die Entwicklung unseres Gehirns, erkennen wir auch evolutionäre Schranken, die uns bis heute begegnen. Aber wir sehen auch viele Entwicklungsschritte, die zeigen, wie sich unser Gehirn im Laufe der Evolution immer wieder an eine veränderte Welt anpasste.

Der heutige Mensch, der Homo sapiens, tauchte erstmalig vor etwa zweihunderttausend Jahren auf unserer Erde auf. Sein Gehirn ist in dieser Zeit auf eintausendvierhundert Gramm angewachsen, verfügt über sechsundachtzig Milliarden Nerven, die circa zehntausend synaptische Verbindungen zu anderen Neuronen pflegen. So ist ein gigantisches Netzwerk an Neuronen entstanden. Mit diesem fantastischen Organ sind wir in der Lage zu denken, zu handeln und zu fühlen. Und wir sollten nicht vergessen, dass wir noch einen nicht unerheblichen Teil an Steinzeit in uns tragen. Dieser urzeitliche biologische Fußabdruck beeinflusst unser Leben bis zum heutigen Tag.

Als der Homo sapiens erstmalig auftauchte, war die Erde noch dünn besiedelt. Es gab weder Milliarden noch Millionen Menschen auf der Erde. Vermutlich nur Hundertausende oder Zehntausende. Nach der Toba-Katastrophentheorie ereignete sich vor rund fünfundsiebzigtausend Jahren ein Ausbruch des Supervulkans Toba, der im heutigen Sumatra liegt. Wahrscheinlich starb dann ein Großteil der damaligen Menschen an den direkten oder indirekten Folgen dieser Naturkatastrophe.

Nur etwa zehntausend Menschen, möglicherweise auch deutlich weniger, überlebten. Anschließend verbreiteten sich viele menschliche Generationen von Afrika aus über die anderen Kontinente. Die durchschnittliche Lebenserwartung betrug damals etwa fünfundzwanzig Jahre. Man verfügte somit über sehr wenig Lebenszeit, um für Nachwuchs zu sorgen und diesen zu ernähren. Die Forschung geht heute davon aus, dass die Weltbevölkerung lange Zeit sehr niedrig blieb und recht wenige zunahm. Das änderte sich erst mit dem Beginn von Ackerbau und Viehzucht. Die Chance, anderen Menschengruppen zu begegnen, war gering. »Ein Mensch aus der Steinzeit«, schildert plastisch der Neurowissenschaftler Lutz Jäncke (2021: 24), »wird in seinem ganzen kurzen Leben weniger fremden Menschen begegnet sein als ein Berliner an einem Tag bei seinen Fahrten morgens und abends mit der U-Bahn zwischen Arbeitsstelle und Wohnung«.

Das heißt, dass unsere Spezies mehr als einhundertneunzigtausend Jahre darauf angewiesen war, sich auf die eigene Gruppe zu konzentrieren und innerhalb der Gruppe zu verständigen. Und in dieser Zeit hat sich ein Verhaltensgrundmuster in unserem neuronalen Netzwerk gebildet, welches das Überleben sichert. Sie sind »die verborgenen, aber mächtigen Kapitäne, die oft im Hintergrund wirksam werden, ohne dass wir wissen, dass sie überhaupt vorhanden sind« (ebenda: 27). Diese Verhaltensgrundmuster stecken auch weiterhin noch in jedem Menschen.

Ein spannender Punkt dabei ist das Küssen, denn andere Lebewesen wie Löwen und die meisten Affenarten kennen dieses soziale Verhaltensmuster nicht. Ab wann der Mensch mit dem Küssen anfing, wissen wir nicht, aber alte Keilschriften zeigen, dass sich Liebespaare schon vor viertausendfünfhundert Jahren küssten.

Unsere Spezies hat ohnehin viel in den Aufbau und die Aufrechterhaltung des Gruppenzusammenhalts investiert und sich im Laufe der Zeit zu einem sozialen Lebewesen entwickelt, das die Kommunikation von Angesicht zu Angesicht nutzt, um weitere Entwicklungen voranzutreiben. Das gilt besonders für die Entwicklung der Sprache. Der Mensch unterscheidet sich dadurch von allen anderen, auch höher entwickelten Säugetieren. Die Sprache war für den Menschen so etwas wie das »Katapult in die moderne Welt« (ebenda: 29).

1.2 Der Mensch kommt nicht als unbeschriebenes Blatt auf die Welt

Auch ich habe jahrelang geglaubt, dass unsere fünf Sinne stets auf Empfang geschaltet sind, die eintreffenden Umgebungsreize im Gehirn verarbeitet und anschließend zu einem stimmigen Bild dessen, was draußen geschieht, zusammengesetzt werden. Dieses Konzept der leeren Tafel, wissenschaftliche Experten nennen es »Tabula rasa«, beruht auf der Annahme, dass das unbeschriebene Blatt im Laufe des Lebens mit Sinneseindrücken, Erfahrungen und Erlebnissen beschrieben wird. Leer, aber aufnahmebereit, so blieb diese Outside-in-Theorie im Umlauf der Wissenschaften. Ein neugeborenes Kind, schrieb 1895 ein Professor für Medizin an der Universität von Pennsylvania sei nicht viel intelligenter als Gemüse.

Neue Erkenntnisse von Hirnforschern weisen darauf hin, dass die bislang weitverbreitete Anschauung offenbar Schwachstellen zeigt. Man könnte die Angelegenheit auch andersherum betrachten. Möglicherweise existieren in einem jungen Gehirn bereits neuronale Muster, die durch eigene Erlebnisse nur sinnvoll verknüpft werden. Diese Theorie, Inside-out genannt, muss noch durch weitere Untersuchungen bestätigt werden. Neurowissenschaftler erkunden derzeit ihre Richtigkeit. Für das Gehirn ist nur wenig völlig neu, weil es Neues stets mit Altem in Verbindung bringt (Spektrum kompakt 2023).

1.3 Das Gehirn ist ein Sparfuchs

Unser Gehirn ist unaufhörlich auf Empfang geschaltet. Es ist ein mentaler Staubsauger, der nie schläft und stets Neues entdecken will. Es arbeitet immer, auch nachts. Wenn unser Bewusstsein abgetaucht ist, schläft unser Hirn nicht. Unser neuronales Netzwerk ist veränderbar wie eine Knetmasse. Diese Neuroplastizität ist der Grund für eine unglaubliche Veränderungs- und Anpassungsfähigkeit.

Das kostet auch viel Energie. Unser Gehirn beansprucht acht Prozent der Biomasse unseres gesamten Körpers, verbraucht aber zwanzig Prozent der Energie. Das bleibt nicht folgenlos. Und da hat sich die Natur etwas Sinnvolles ausgedacht: Das Gehirn spart Energie. Und wir merken das noch nicht einmal. Wir erinnern uns und vergessen, verfälschen, vernichten, was zuvor aufbewahrt wurde. Wir treffen automatisierte Entscheidungen auf der Basis früherer Ereignisse, die aktuell ähnlich erscheinen, aber falsch sein können. Wir sind in der Lage, Texte mit Lücken zu lesen und zu verstehen, weil auch hier unser Hirn auf gespeicherte Leseerfahrungen zurückgreift. Veränderungen benötigen viel Energie, Konsequenz: wir richten uns im Hier und Jetzt behaglich ein. Routine, gelernte Abläufe, Angewohnheiten beibehalten? Das spart Energie. Es gehört zu den schwierigsten Vorhaben, sich und andere zu verändern.

Doch wer das Hirn besser kennengelernt hat, kennt die Folgen, die uns zuweilen begegnen und manchmal wirklich unangenehm sind. Wir besitzen nur ein sehr kleines Arbeitsgedächtnis. Wir nehmen unsere Umwelt nur bruchstückhaft bewusst wahr, die meisten Sinnesreize werden unbewusst verarbeitet Es würde uns überfordern, alle Sinneseindrücke ständig bewusst wahrzunehmen und zu speichern.

Möglicherweise mag der Eindruck entstehen, dass das Gehirn ein faules Organ sei. Wie verhängnisvoll in einer komplexen, an Informationen und Sinnesreizen übervollen Zeit! Evolutionsbiologisch betrachtet ist das Sparen aber sinnvoll. Gehirn und Körper sparen Energie, denn in den letzten zweihunderttausend Jahren unserer Entwicklung war die typische Situation die, dass Nahrung mühsam beschafft werden musste und auch längere Zeiträume ohne Nahrungsaufnahme überbrückt werden mussten. Das Gehirn ist nicht faul, es ist nur eben noch angepasst an Zeiten, in denen das Essen nicht per Supermarkt und Lieferservice zu uns gekommen ist. In diesem Punkt verhalten wir uns noch nach steinzeitlichem Muster.

Veränderungen brauchen Energie und weil das für unseren Organismus sehr aufwendig und evolutionsbiologisch gefährlich ist, verändern wir uns nicht gerne. Auch wenn wir vom Verstand her meinen, dass Änderungen gut wären, verzichten wir unbewusst lieber darauf, solange es halbwegs vertretbar erscheint.

1.4 Informationsflut – Hirn schlägt Computer

Unser Gehirn lernt immer. Und das nicht nur, wenn dessen Besitzer eine Schule, eine Universität oder eine andere Bildungsstätte besucht. Häufig leiden wir unter der Informationsflut, die pausenlos auf uns einprasselt. Doch unser Denkorgan verwendet eine raffinierte Technik, um mit der Menge an Impulsen fertig zu werden. Das Hirn ist in erster Linie kein Speicherorgan, sondern ein

Filterorgan. Natürlich ist es bestens in der Lage zu speichern. Jedoch geschieht das höchst selektiv.

Jede Sekunde schicken unsere fünf Sinne ihre wahrgenommenen Impulse ans Gehirn. Das ist nur ein Angebot. Unser Arbeitsgedächtnis empfängt pro Sekunde zwar elf Millionen Bits, nimmt davon allerdings lediglich etwa vierzig Bits in der Sekunde bewusst wahr.

Und was geschieht dann? Unser Denkapparat bewertet die eintreffenden Impulse im Unbewussten, filtert die Reize und entscheidet, inwieweit es sich um Neues, Nützliches oder Wertvolles handelt. Eine für sinnvoll erachtete Aktivität wird angebahnt und eine Speicherung vorbereitet. Der Rest wird höchstwahrscheinlich gnadenlos entsorgt.

Was bedeutet das für uns? Wenn wir nicht auf jedes elektronische Angebot, das visuell oder akustisch um unsere Aufmerksamkeit buhlt, eingehen und uns nur um die Dinge kümmern, die wir in einem bestimmten Augenblick wirklich interessant finden, haben wir eine gute Vorarbeit geleistet. Wir und damit auch unser Gehirn werden wirksam entlastet. Jeder kennt das: Wir wollen im Internet nach dem Wetter schauen, dann ploppt eine Nachricht auf, die wir bearbeiten, anschließend folgt die Überprüfung via Google. Dort werden wir erneut abgelenkt ... Das alles erzeugt Stress, Unruhe und ist ungesund. Im Übrigen haben wir bei dem elektronischen Ausflug das ursprüngliche Vorhaben dann oft vergessen und nichts für uns Hilfreiches gelernt. Es folgt Ratlosigkeit: Was wollte ich eigentlich?

Die elektronischen Medien sind für unser Leben sehr wertvoll. Keine Frage. Doch gerade bei vielen Reizen braucht es Techniken, damit unser Denkorgan gut arbeiten kann. Einfach mal abschalten und das Gehirn arbeiten lassen. Einfach eine Pause einlegen. Sich einfach einmal neu zu fokussieren und zu fragen, was genau will ich im Internet klären, sind sehr hilfreiche Strategien für mehr Wirksamkeit im Leben.

1.5 Nicht der Verstand, Emotionen sind der Schrittmacher unseres Lebens

Jeder Impuls, der durch unsere fünf Sinne in unser Oberstübchen gelangt, erhält zunächst eine unbewusste, nicht steuerbare, emotionale Färbung im limbischen System. Dieser Teil unseres Oberstübchens ist das zentrale Bewertungssystem unseres Gehirns. Es reguliert alle Emotionen wie Angst, Liebe, Wut und Lust und sorgt dafür, dass wir lernen. Das limbische System liegt wie ein Ring um die Basalganglien und den Thalamus. Von daher leitet sich das Wort limbisch vom lateinischen Wort »Limbus« (Saum) ab. Das limbische System ist eine Funktionseinheit und bewertet alle Reize auf der Basis unserer bisherigen Erfahrungen. Haben wir positive Erfahrungen mit einem Ereignis gemacht, wird dieses Ereignis als gut, vorteilhaft oder lustvoll bewertet. Wir verspüren dann den Wunsch nach Wiederholung. Haben wir negative Erfahrungen gemacht, wird ein Ereignis als schlecht, nachteilig oder schmerzhaft bewertet und wir verspüren den Wunsch nach Vermeidung. Es ist somit leicht nachvollziehbar, dass unser limbisches System auch eine maßgebliche Rolle bei der Aneignung von Wissen und dem damit verbundenen Lernerfolg spielt, da es sich bei jeder Lernsituation zum Beispiel folgende Fragen stellt: Lohnt es sich, aufmerksam das Geschehen zu verfolgen? Wir erleben es in jedem Moment: Gefühle machen Gedanken.

Zu diesem Bereich von Hirnarealen gehört der Hippocampus, der eine zentrale Rolle bei der Gedächtnisbildung spielt und als Neuigkeitsdetektor arbeitet. Er registriert, wenn eine Information neu ist, und bereitet diese für eine Speicherung vor. Ist die Information bereits bekannt, so spart der Hippocampus sich diese Arbeit.

Auch die Amygdala ist Bestandteil des limbischen Systems. Dieser Teil des Gehirns ist für die Entstehung von Emotionen verantwortlich und an der Speicherung von emotional besetzten Erinnerungen beteiligt. Bislang galt die Amygdala als Angstauslöser. Es mehren sich allerdings die Befunde, dass die Amygdala nicht nur das Gefühl der Angst oder Furcht erzeugt, sondern auch die körperliche Erregung und Abwehrreaktion in Bedrohungszuständen steuert (Gehirn & Geist 2023c).

Das limbische System reguliert Affekt- und Triebverhalten, koordiniert die eingehenden Sinnesimpulse und steuert auch überlebenswichtige Funktionen wie Atmung und Schlaf-Wach-Rhythmus. Vom Verstandesmenschen sind wir, als Homo oeconomicus, weit entfernt. Jede Entscheidung wird emotional getroffen, bevor der Verstand aufgerufen wird.

»Das limbische System«, so der Neurowissenschaftler Gerhard Roth, »hat bei der Verhaltensentscheidung das erste und das letzte Wort.« (Thimm/Traufetter 2004)

1.6 Die Trennung von Körper und Geist ist überholt

Körper und Geist, genauer Körper und Verstand, werden gerne getrennt. Das Gehirn wird als ein vom Körper isoliertes Organ betrachtet. Ein solches Denken ist überholt. Emotionen entstehen im Gehirn, wirken sich aber auf den ganzen Körper aus. Wir spüren Gefühle körperlich. Über das Nervensystem werden Emotionen im Körper ausgedrückt, verkörpert wahrgenommen. Die modernen Neurowissenschaften bestätigen, was sich schon immer in unserer Sprache ausdrückte: dass Körper und Geist eine Einheit bilden. Beispiele gefällig? Wir stehen mit beiden Beinen auf der Erde, wenn wir eine sichere Entscheidung getroffen haben, wir begegnen uns auf Augenhöhe, um gleichberechtigt miteinander zu kommunizieren, man fasst sich an den Kopf, wenn man entsetzt ist, wir haben Schmetterlinge im Bauch, wenn wir verliebt sind, und wir sind hochrot vor Zorn oder Scham. Werfen wir die Trennung zwischen Körper und Geist über Bord!

Redewendungen, Zitate und Aussagen belegen die Verbindung von Geist und Körper. Die Sprache wirkt so nicht nur lebendiger, sondern verweist auf das, was uns bestens vertraut ist, unseren Körper. »Bedeutung und Erfahrung«, konstatiert die Psychoanalytikerin und Buchautorin Maja Storch, »werden erzeugt durch die andauernde Wechselwirkung von Gehirn, Körper und Umwelt«. Aus dieser Erkenntnis wurde das Konzept »Embodiment« entwickelt, an dem Gerald Hüther, Maja Storch, Benita Cantieni und Wolfgang Tschacher mitgewirkt haben (Storch et al. 2017).

Unser Körper, so die Autoren, ist das wichtigste Erfahrungsinstrument des Menschen. Jedes Gefühl geht mit einer körperlichen Empfindung einher. Uns steht der Angstschweiß auf der Stirn, wir sind kreidebleich vor Schreck, wir haben ein flaues Gefühl im Magen. Besonders das Herz als Organ der Liebe ist oft Ziel unserer Vergleiche: Das ist mir eine Herzensangelegenheit! – Mein Herz hüpft vor Freude. Das ist jedes Mal ein kleiner Stich ins Herz. Zuweilen wird uns sogar ein wenig warm ums Herz. Die Zuordnung von Gefühlen zu bestimmten Zuständen des Körpers ist, wie der US-amerikanische Psychologe Paul Ekman herausgefunden hat, angeboren und überall auf der Welt verständlich. Der Neurobiologe Gerald Hüther fasst zusammen: »Wenn im Gehirn etwas passiert, hat das Auswirkungen auf den ganzen Körper.« (Ebenda).

»Fazit: Das Gehirn, so kann man es betrachten, vermittelt zwischen der äußeren Welt und dem inneren Körper.«

Kühl-Lenjer 2022a: 65

1.7 Erinnerungen prägen unsere Identität

Unser Gehirn verbindet in Bruchteilen einer Sekunde Ereignisse mit Emotionen. Erfahrungen, Zahlen, Daten und Fakten werden so vernetzt, dass ein umfassender Erinnerungskomplex entsteht.

Erinnerungen tauchen häufig durch Schlüsselreize wieder auf. Ein bestimmter Song erinnert an die erste Liebe, der Duft von Kuchen bringt die Großmutter in Erinnerung, ein bekannter Geschmack führt dazu, dass ein ganzer Abend in einem Restaurant auftaucht. Und mit dem Geruch, dem Song oder dem Geschmack werden komplette Erlebnisse ins Bewusstsein gespült. Schlüsselreize können große Erinnerungsbrocken hervorrufen. Doch auch beim Erinnern sind wir bevorzugt mentale Wiederkäuer, wir rufen vor allem bekannte Nervenpfade und Gedächtnisspuren auf. So wird Energie gespart und die Aufnahmekapazität vergrößert.

Ein gut funktionierendes Gehirn arbeitet meistens – ich hoffe, das ist inzwischen deutlich geworden –, ohne dass wir es merken. Erst wenn es uns im Stich lässt, stellen wir fest, dass offenbar etwas nicht stimmt. Gestern habe ich es doch gewusst, beklagen wir, heute komme ich aber nicht drauf. Uns fällt eine PIN nicht ein, wir vergessen, wo der Schlüssel liegt, wir begegnen einem bekannten Menschen und kommen nicht auf seinen Namen. Erinnern und vergessen liegen eng beieinander.

Gedächtnislücken kennt jeder. Sie können entstehen, wenn wir müde oder erschöpft sind oder kein Interesse haben. Auch übermäßiger Stress kann das Gedächtnis beeinträchtigen. Stress fördert die Ausschüttung von Cortisol, ein Hormon, das in der Nebennierenrinde gebildet wird und die Merkfähigkeit verschlechtert.

Zählen Sie mal alle Automarken, die Ihnen gerade einfallen auf. Wie viele haben Sie genannt? Der amerikanische Psychologe George Miller veröffentlichte 1956 eine Untersuchung, nach der die gleichzeitige Nennung von gleichartigen Objekten auf sieben beschränkt ist. Die Miller'sche Regel, die auch »7+/-2-Regel« genannt wird, zählt zu den am weitesten verbreiteten Erkenntnissen zur Leistungsfähigkeit des Gehirns. Die Regel besagt, dass wir lediglich maximal sieben (plus/minus zwei) Informationseinheiten gleichzeitig erfassen können. Diese Gedächtnisbarriere beruht auf der geringen Speicherkapazität unseres Kurzzeitgedächtnisses. Allerdings lässt sich diese Bremse lösen. Wenn wir zum Beispiel eine Telefonnummer merken wollen, bilden wir sogenannte Chunks. Wir ordnen die Ziffernfolge in Zweier- oder Dreiergruppen und können uns diese dann merken.

Doch was wird behalten, was vergessen? Wenn wir uns alles merken könnten, dann wären wir im Knäuel der Informationen kaum lebensfähig. Das Gehirn versucht, die zentralen Informationen zu gewichten, wobei die äußeren Umstände dessen, was behalten werden soll, in der Regel versenkt werden. Wir wissen zwar, dass Helsinki die Hauptstadt von Finnland ist, haben aber in der Regel vergessen, wann und wo wir das gelernt haben.

Irrelevante und veraltete Informationen werden durch neue ersetzt oder ausgeblendet. Vergessen zu können hat auch Vorteile. Unser Denkorgan spart Energie, setzt neue Kapazitäten frei und wird leistungsfähiger. Und wen die Last einer Erinnerung drückt, für den kann eine traumatische Amnesie ein Segen sein.

Erinnern ist ein kreativer Prozess. Unsere Erinnerungen sind nicht dazu gemacht, sich alles für immer zu merken. Das Gehirn ist eine Dauerbaustelle und bereitet sich auf die Zukunft vor. Die Vergangenheit wird der aktuellen Situation angepasst. Unliebsame, verunsichernde oder bedrohliche Erinnerungen blenden wir gerne aus. Mentale Scheuklappen sind sinnvoll. Vergessen ist notwendig, um den Alltag zu meistern. Der Vorgang schafft Platz für Neues, wobei wir unangenehme Inhalte nur scheinbar vergessen, häufig verlieren sie nur ihre negative Tönung.

Menschen verfügen über die verblüffende Fähigkeit, Enttäuschungen, miserable Begebenheiten und Niederschläge in großartige Erfahrungen zu verwandeln. So kann sich eine problematische Schulzeit in einen glücklichen Lebensabschnitt verwandeln, so kann sich ein Stinkstiefel zu einer sympathischen Person verändern und ein Unfall zum Startschuss einer seit Langem ersehnten Veränderung werden. Mitunter legt sich auch der Zuckerguss des Vergessens über traumatische Erlebnisse und erzeugt somit eine heilsame Wirkung.

»Wenn wir uns erinnern«, betont die Gedächtnisforscherin Elizabeth Loftus in einem Interview, »dann formen wir Fragmente, die wir zu unterschiedlichen Zeitpunkten und an unterschiedlichen Orten erlebt haben, zu einer Erinnerung oder zu etwas, das sich wie eine Erinnerung anfühlt.« (Kupferschmidt 2011) Allerdings können Erinnerungen auch ein Trugbild erzeugen.

Ist es korrekt, dass wir die Summe unserer Erinnerungen sind, wie häufig behauptet wird? Hat denn alles, woran wir uns erinnern, tatsächlich so oder möglicherweise anders stattgefunden? Oder sind wir zuweilen von unserem Gedächtnis in die Irre geführt worden?

Es gibt trügerische Erinnerungen. Wir können uns auf unser Gedächtnis nicht verlassen, lesen wir im Buch der Erinnerungsforscherin Julia Shaw »Das trügerische Gedächtnis« (2006). Identität sei ein kunstvoll gewebter Teppich aus Erinnerungsfragmenten. Wir können uns sogar an Ereignisse erinnern, an denen wir nicht teilgenommen haben.

Mit dem sogenannten False-Memory-Versuch können sogar falsche Erinnerungen erzeugt werden. Ein Psychologenteam von Kimberly Wade von der britischen University of Warwick machte mithilfe gefälschter Fotos ein bemerkenswertes Experiment. Probanden wurden Fotos aus ihrer Kindheit vorgelegt, welche die Forscher von den Eltern der Teilnehmer erhalten hatten. Die Wissenschaftler hatten die Bilder vorab manipuliert. Auf den Fotos sah es so aus, als ob die Probanden eine Fahrt mit einem Heißluftballon erlebt hätten. Das hatten sie aber nie getan. Anschließend sollten die Studienteilnehmer erzählen, woran sie sich erinnerten.

Die Hälfte der Teilnehmenden tappte, während sie über ihre Kindheitserlebnisse informierten, in die Erinnerungsfalle und berichteten von einer Heißluftballonfahrt, an der sie nie teilgenommen hatten.

Unser Gehirn hat keinen festen Ort, in dem Gedächtnisinhalte unverändert dauerhaft gespeichert werden. Alle Impulse, die in unser Hirn gelangen, werden umstrukturiert, verändert und der augenblicklichen Stimmung angepasst. Von daher erklärt sich, warum wir auch in eine trügerische Gedankenwelt entführt werden können.

1.8 Selbst ist das Hirn – Selbstheilungskräfte reparieren das Gehirn

Sicherlich haben Sie schon mal etwas vom Axolotl gehört. Das ist ein mexikanischer Schwanzlurch, dem Gliedmaßen und sogar Teile des Rückenmarks nachwachsen können. Die Axolotl-Gene sind für die Medizin und Altersforschung von hohem Interesse. Das »Wassermonster mit nachwachsenden Gliedmaßen«, wie es reißerisch auch genannt wird, ist die Nummer eins der uns bekannten Tiere, die derart umfassende Selbstheilungskräfte besitzen.

Auch unser Organismus verfügt über **Selbstheilungskräfte**, allerdings in einem geringeren Umfang. Wissenschaftlich erwiesen ist, dass bis zu neunzig Prozent unserer Krankheiten von unserem inneren Arzt geheilt werden können: Abwehr von Viren und Bakterien, Regeneration von Zellen oder Heilen von Verletzungen. Der Mediziner Tobias Esch bemerkt in einem Interview mit GEO-Wissen: »Selbstheilung ist die Fähigkeit des Körpers, Krankheitszustände zu überwinden und wieder gesund zu werden. Daran ist nichts esoterisch.« (Esch 2023) Inwiefern kann sich auch unser Hirn selbst reparieren?

Unser Hirn ist kein statisches Organ. Bestimmte Regionen sind für verschiedene Funktionen verantwortlich: Sehen, Hören, Schmecken, Riechen. Kognitive Fähigkeiten hängen von der Stärke und der Effizienz der neuronalen Verknüpfungen ab. Durch die Neuroplastizität gelingt es unserem Denkapparat, seine Schaltkreise umzugestalten, sich Veränderungen anzupassen oder Neues zu lernen. Die lebenslang bestehende Neuroplastizität hat bereits in unserer Kindheit dazu geführt, Neues schnell zu lernen. Unser Oberstübchen ist in der Lage, sich stets von Neuem zu organisieren und das komplette Netzwerk aus Nervenzellen veränderten Gegebenheiten dynamisch anzupassen. Doch was geschieht, wenn beispielsweise durch einen Schlaganfall bestimmte Areale ausfallen? Erfreulicherweise kann sich unser Denkorgan dann in vielen Fällen selbst helfen.

Der Prozess der Neuroplastizität ermöglicht es, Ausfälle auszugleichen und die neuronalen Netze ständig neu zu verschalten.

Das Gehirn verfügt über begrenzte Selbstheilungskräfte, stellt Christian Grefkes-Hermann, Direktor der Klinik für Neurologie am Universitätsklinikum Frankfurt fest und hält die »Neuorganisation von Nervenzellen für die wichtigste Reparaturstrategie des Gehirns«. (Spektrum kompakt 2023: 28)

Ein Leben lang könne das Gehirn Inhalte abspeichern und lernen. Deshalb seien Nervenzellen es gewohnt, sich ständig zu vernetzen. »Diese Fähigkeit der Plastizität ist nach einem Schlaganfall oder Unfall Gold wert« (ebenda).

Nach neurologischen Schäden ist das neuronale Netzwerk besonders plastisch.

Zwar schaffen wir es kaum, einen Hirnschaden zu verhindern, allerdings können wir dazu beitragen, dass die Folgen einer Schädigung schwächer ausfallen: »Wer sein Leben lang immer wieder Neues lernt, hält sein Gehirn flexibel. Übt jemand zum Beispiel, Geige zu spielen, verändern sich messbar Bereiche in seinem Gehirn, die für die Fingermotorik zuständig sind.« (Ebenda: 33)

2

Fünf Leistungsturbos für leichteres Lernen und mentale Fitness

»Wir sind, wer wir sind, aufgrund dessen, was wir lernen und woran wir uns erinnern.«

Eric Kandel (*1929),
Jahrhundertwissenschaftler und Nobelpreisträger

2.1 Geistig fit mit Genuss – Brainfood

»Aus meiner tiefsten Seele zieht mit Nasenflügelbeben ein ungeheurer Appetit nach Frühstück und nach Leben.«

Joachim Ringelnatz (1883–1934),
deutscher Kabarettist und Schriftsteller

Unsere Ernährung hat starken Einfluss auf unsere Gesundheit und die Leistungsfähigkeit unseres Gehirns. Energydrinks, Weisheitspillen oder Ginseng-Tees, das sind Nahrungsmittel, die angeblich die mentale Leistungsfähigkeit ankurbeln sollen. Marketingstrategien haben den Begriff »Brainfood« in die Welt gepflanzt, und nun ist er in aller Munde. Besser denken mit Brainfood? Ist das eine weitere Modeerscheinung oder ist etwas dran an der Nahrung fürs Gehirn? Vielen Nahrungsmitteln wird nachgesagt, sie seien gut für das Gehirn und förderten die geistige Denkkraft. Stimmt das eigentlich oder handelt es sich um fade schmeckende Kaustoffe, die so von Marketingleuten clever verkauft werden? Ist das Ganze also nur ein PR-Trick ohne Nutzen? Gehen wir der Sache nach.

Was ist eigentlich Brainfood?

Das sind Lebensmittel, die dem Gehirn die optimale Nährstoffkombination für eine gut funktionierende Gehirntätigkeit liefern. Sie sollen die Leistungsfähigkeit unseres Denkapparates erhalten oder sogar steigern. Das können allerdings nicht alle Angebote, die auf dem Brainfoodzug mitfahren wollen. Blinde Passagiere haben dort ebenfalls Platz genommen. Nahrungsergänzungsmittel versprechen die Erhöhung geistiger Fähigkeiten und überspülen den Markt, um vermeintlich ungenutzte Hirnaktivität zu fördern. Es herrscht unter Anbietern eine neuronale Goldgräberstimmung. Es werden Neuroenhancer angeboten, die eine Verbesserung der kognitiven Leistung versprechen. Es handelt sich um sogenannte Happy Pills oder Smart Drugs, die Neurowissenschaftler mit dem Begriff »Hirndoping« belegen, um eine assoziative Nähe zum Doping im Sport herzustellen.

Lieber Tennis als Tabletten! Aber es gibt ja natürliche Alternativen. Besonders Flavonoide und Omega-3-Fettsäuren haben es auf ein oberes Treppchen der beliebtesten Brainfood-Produkte gebracht.

Flavonoide wirken antioxidativ, das ist auch immer gut fürs Gehirn

Flavonoide sind Nährstoffe, denen man eine gesundheitsfördernde Wirkung zuweist. Sie sind ausschließlich pflanzlicher Natur und verantwortlich für rote, blaue, gelbe und violette Farben, die in zahlreichen Obst- und Gemüsesorten auftreten: zum Beispiel in Äpfeln, Zwiebeln, Kirschen, aber auch in Getränken wie grünem Tee, Rotwein und Kaffee. Flavonoide können beispielsweise die Durchblutung des Gehirns verbessern. Es sind jedoch weitere Forschungen erforderlich, um die genauen Auswirkungen von Flavonoiden auf das Gehirn besser zu verstehen. Sie sind in natürlichen Pflanzen vorhanden, nicht industriell verarbeitet und haben sogar einen vorbeugenden Einfluss gegen Krebs. Das haben zahlreiche Studien gezeigt. Insbesondere Nüssen sagt man eine antioxidative Wirkung nach, weil sie vor sogenannten freien Radikalen schützen. Freie Radikale werden gebildet, wenn schädliche Umweltstoffe auf unseren Organismus einwirken, wie beispielsweise durch Rauchen, UV-Strahlen der Sonne oder Umweltgifte. Eines wissen wir mit Sicherheit: Zu viel Zucker, gesättigte Fettsäuren und industriell verarbeitete Lebensmittel können seelische und kognitive Probleme hervorrufen.

Omega-3-Fettsäuren machen schlau

Als Wunderwaffe zum Abnehmen und für gesunde Ernährung gelten Omega-3-Fettsäuren. Doch auch für mehr mentale Leistungsfähigkeit taugen diese speziellen Fettsäuren. Aber: Kann das überhaupt sein? Fett hat einen schlechten Ruf, Fett gilt als Dickmacher. »Doch die Behauptung, Fett mache fett, ist ein hartnäckiger Mythos, der schon lange widerlegt ist. Fett macht nicht fett, wenn man wenig oder gar keine Kohlenhydrate isst. Nur gehärtete Fette, etwa in Margarine, sollte man meiden«, betont der Diabetologe Stephan Martin (Seith 2023). Es nütze nichts, wenn man fettarme Produkte zu sich nähme. Sie sind industriell verarbeitet und enthalten oft auch Zucker, damit sie nach irgendetwas schmecken. Süßstoffe sind kein adäquater Ersatz für Zucker. »Künstliche Süßstoffe sind für mich persönlich vom Teufel erfunden« (Gehirn & Geist 2023a), meint Stephan Martin, in Kombination mit Kohlenhydraten ließen sie die Insulinproduktion explodieren. Weiterhin zeige eine Studie, dass der süße Geschmack das Gehirn verwirre, weil er ohne Kalorien daherkomme. Damit werde das Hungerzentrum aktiviert, sodass man mehr esse. Zurück zu den Omega-3-Fettsäuren: Sie kommen vor allem in Fisch und in Nüssen vor. Eine darin enthaltene Substanz, die Docosahexaensäure (DHA), ist der wichtigste Bestandteil der Zellmembran von Nervenfasern. Für die Neuronen ist DHA also so etwas wie ein Ziegelstein zum Bauen eines Hauses. Wenn der Körper genug dieser Fettsäure zur Verfügung hat, dann profitieren davon alle Prozesse, die im Gehirn ablaufen. Lapidar formuliert macht der Verzehr von Omega-3-Fettsäuren schlau.

Buchtipp für Wissenshungrige
Rita Carter (2022): So bleibt Ihr Gehirn fit. Dorling Kindersley Verlag, München.

Walnuss: Gehirnnahrung mit Genuss

Walnüsse (Juglans regia) gelten als besonders gute Gehirnnahrung, was ist dran? Die kalorienreiche Walnuss rückt derzeit vermehrt in den Fokus für gesündere und fleischlose Ernährung. Verglichen mit allen Nüssen besitzt sie den höchsten Gehalt an ungesättigten Omega-3-Fettsäuren sowie zahlreiche Mineralstoffe wie Zink, Kalium, Magnesium, Eisen und Kalzium. Wie Gunter P. Eckert, Leiter des Instituts für Ernährungswissenschaft, Ernährung in Prävention und Therapie an der Justus-Liebig-Universität Gießen, berichtet, sind »Walnüsse in der Tat gut fürs Gehirn. Es ist schon eine interessante Tatsache, dass Walnüsse schon aussehen wie die beiden Gehirnhälften.« Wir verfügen über viele Studien, die belegen, dass ein regelmäßiger Verzehr von Walnüssen die Hirnleistungsfähigkeit verbessern kann. Werden Walnüsse über einen längeren Zeitraum zusammen mit

Olivenöl verzehrt, können sie sogar vor Alzheimer schützen und besitzen somit sogar einen präventiven Effekt gegen Demenz, teilt Gunter P. Eckert (2021) mit.

Was ist nun mit Nahrungsergänzungsmitteln?

Dem Körper ist es zunächst egal, ob wichtige Inhaltsstoffe über natürliche Nahrung oder Nahrungsergänzungsmittel aufgenommen werden. Wäre da nicht ein Aber. Das Grundproblem der Nahrungsergänzungsmittel ist, dass es keine Medikamente sind. Wären es Medikamente, müssten sie ihre Wirkung belegen, als Ergänzungsprodukte sind sie vor allem attraktiv für die Anbieter, da sie fast alles versprechen dürfen, aber wenig halten müssen. Die Folge sind Heerscharen unseriöser Produkte und ebendie Frage, wie viel Wirkstoffsubstanzen, also Omega-3-Fettsäuren beispielsweise, tatsächlich enthalten sind, denn wirken müssen die vielen erhältlichen Pillen nicht. Der Anbieter kassiert erst einmal für das Versprechen. Ein gutes Geschäft ...

Gehirnfreundliche Ernährung ist ein Marathon

Der Mensch ist ein Allesfresser. Seit ewigen Zeiten hat unsere Spezies mit seiner pflanzlichen und tierischen Nahrung immer auch ausreichend natürliches Fett und andere Nahrungsmittel zu sich genommen. Die Wissenschaft ist sich einig, dass eine gesunde Ernährung in ihrer Gesamtheit einen großen Einfluss auf unsere geistigen Fähigkeiten habe, betont André Kleinridders, Professor für Ernährungswissenschaften an der Universität Potsdam. Doch es sei schwierig, für einzelne Nahrungsbestandteile eine positive Wirkung nachzuweisen. Gesunde Ernährung sei ein Marathon, und zwar einer, der viele Jahre dauert.

Eine Erkenntnis bleibt: Wer (zu viel) isst, vergisst! Bewegung in Kombination mit einer ausgewogenen Ernährung, die auch Flavonoide und ungesättigte Fettsäuren enthält, ist für Körper und Geist wohltuend. Statt sich auf ein Nahrungsmittel mit mentaler Leistungssteigerung zu konzentrieren, nutzen Sie die ganze Palette gehirnfreundlicher und abwechslungsreicher Nahrungsmittel.

Besonders wichtig ist, viel zu trinken! Nichts braucht unser Hirn so sehr wie Wasser. Besteht ein Mangel an Flüssigkeit, schrumpfen die Nervenzellen und funktionieren nicht mehr richtig. Das Denken ist dann nur noch eingeschränkt.

Was können Sie tun?

* Bleiben Sie skeptisch gegenüber angeblich leistungssteigernden Medikamenten. Verzichten Sie auf sogenannte Happy Pills, Hirndoping-Produkte und Smart Drugs. Sie sind bestenfalls wirkungslos oder sogar gesundheitsschädlich.
* Bevorzugen Sie Obst und Gemüse, die Flavonoide enthalten, also farblich sind.
* Trinken Sie viel, etwa zwei Liter pro Tag.
* Körper und Geist bilden eine Einheit. Verknüpfen Sie Bewegung mit gehirngerechter Nahrung.
* Achten Sie auf Lebensmittel, die ungesättigte Fettsäuren enthalten: Sie gelten als die sogenannten guten Fette.
* Einfach ungesättigte Fettsäuren stecken vor allem in Nüssen, Avocados und pflanzlichen Ölen wie Olivenöl und sind wichtig für die Vitaminaufnahme im Körper.

2.2 Bewegung lässt die Neuronen sprießen

»Gehen ist des Menschen beste Medizin.«

Hippokrates (460–370 vor Christus), Arzt

Machen Sie Ihren Gedanken Beine

Gehirn und Körper sind in vielfältiger Weise miteinander verbunden. Wandern, joggen, ein ausgedehnter Spaziergang oder mit dem Fahrrad zur Arbeit radeln macht Spaß, steigert die körperliche Fitness, sorgt aber auch dafür, dass das Gehirn länger leistungsfähig bleibt. Körperliche Aktivitäten wirken sich in jedem Lebensalter positiv auf die Gehirntätigkeit aus. Bewegung und Denken sind eine hervorragende Kombination, um auch das Hirn auf Trab zu bringen. Ein Buch von Manuela Macedonia trägt den passenden Titel »Beweg dich und dein Gehirn sagt danke«.

Buchtipps für Wissenshungrige

Manuela Macedonia (2018): Beweg dich und dein Gehirn sagt danke. Wie wir schlauer werden, besser denken und uns vor Demenz schützen. Brandstätter Verlag, Wien.

Shane O'Mara (2020): Das Glück des Gehens. Was die Wissenschaft darüber weiß und warum es uns so guttut. 2. Auflage, Rowohlt Buchverlag, Hamburg.

Was gut für den Bewegungsapparat ist, ist gut für das Gehirn

Zahlreiche neurologische Untersuchungen bestätigen, dass es einen nachweisbaren Zusammenhang zwischen Bewegung und Hirnarbeit gibt. Wer auf dem Hometrainer radelt und dabei Vokabeln lernt, fördert das Behalten. »Bis ins hohe Alter hinein werden neue Neuronen gebildet, die sich in Netzwerken zusammenfinden. Und neue Nervenzellen sind leichter zu erregen als ältere. Somit können durch die Neubildung von Nerven, die Neurogenese, mehr Synapsen zwischen den Neuronen entstehen.

Für das Erinnern ist das eine wichtige Voraussetzung. Sport, so kann man lapidar konstatieren, lässt also Gehirnzellen sprießen« (Kühl-Lenjer 2022b: 201). Weitere Vorteile der Kombination aus Bewegung und kognitiver Arbeit bestehen darin, dass die Blutzirkulation und die Durchblutung des Oberstübchens angeregt werden. Und das ist für den Bewegungsapparat und das Gehirn vorteilhaft. Außerdem wird die Bildung der Neurotransmitter Serotonin, Noradrenalin und Dopamin angeregt, die für die Übermittlung von Impulsen im neuronalen Netzwerk verantwortlich sind.

Gehen ist die einfachste Form, Körper und Geist in Schwung zu bringen. Spezielle Vorbereitungen sind nicht notwendig, ein paar passende Schuhe, vielleicht eine Regenjacke und schon können Sie starten. Der dänische Philosoph Søren Kierkegaard schwärmte: »Ich habe mir meine besten Gedanken ergangen und kenne keinen Kummer, den man nicht weggehen kann.«

Gewusst? Müdigkeit ist ein Schutzmechanismus

Jeder hat es erlebt, körperliche Anstrengungen ermüden. Doch weshalb macht auch Denken müde? Neurowissenschaftler haben die Ursachen herausgefunden, warum intensives Denken müde macht. Ein Forscherteam um Antonius Wiehler vom Pitié-Salpêtrière Hospital in Paris hat nun die Ursache gefunden, weshalb sich bei intensiver kognitiver Tätigkeit über mehrere Stunden hinweg in einem Teil des Gehirns Glutamat ansammelt. So schreibt das Team im Fachjournal »Current Biology«. Glutamat ist ein Botenstoff, der sich demnach in dem Bereich des Gehirns ansammelt, der als präfrontaler Cortex bekannt ist. Der Bereich ist aktiv, wenn Menschen etwas planen oder komplexe Probleme lösen. Die Anhäufung von Glutamat ist demzufolge der Auslöser von Müdigkeit. Es sei ein Schutzmechanismus, der dazu führe, dass der Mensch sich entspannteren Aufgaben widmet. »Dabei sei die Müdigkeit ein Mittel zum Zweck, denn sie veranlasse den Menschen dazu, die Arbeit zu unterbrechen. So solle die Gehirnfunktion generell am Laufen gehalten werden.« (Forschung & Lehre 2022)

Dass eine Häufung von Glutamat für Müdigkeitserscheinungen verantwortlich sein soll, ist jedoch bei anderen Wissenschaftlern umstritten. Kritiker bezweifeln, dass es zu einer erhöhten Konzentration von Glutamat kommt, meint beispielsweise der Neurophysiker Harald Möller vom Max-Planck-Institut für Kognitions- und Neurowissenschaften in Leipzig (ebenda). Inwiefern das Ergebnis der französischen Studie bestätigt oder korrigiert werden kann, werden weitere Untersuchungen zeigen.

Pausen: unverzichtbar als produktive »default mode stops«

Wir besitzen ein Ruhe-Netzwerk, und es ist gerade in temporeichen Zeiten notwendig, immer wieder mental zur Ruhe zu kommen. Nur so können die gewonnenen Informationen verarbeitet werden. »Das Gehirn sollte bei allem die Chance bekommen, zwischen zwei Tätigkeiten in seinen Ruhemodus (default mode, auch Tagtraummodus genannt) zurückzufallen, denn gerade in diesem Tagtraummodus sortiert es sich neu, verarbeitet unbewusst neue Zusammenhänge, ohne gleich wieder Neues abspeichern zu wollen. Bei aller Konzentriertheit ist es wichtig, den Fokus der Aufmerksamkeit nach einer Arbeitseinheit von etwa ein bis eineinhalb Stunden mindestens kurz zu verlassen.« (Korte 2023a) Einfach mal abschalten und sich anderen Dingen zuwenden. Das ist naheliegend und kann problemlos verwirklicht werden.

Was können Sie tun?

* Werden Sie bei kognitiven Tätigkeiten müde, schalten Sie gedanklich einfach mal ab.
* Bewegung fördert das Behalten. Gehen ist die beste Möglichkeit, um zum Beispiel Vokabeln zu lernen.
* Gönnen Sie Ihrem Oberstübchen immer wieder eine Pause, etwa dreißig bis fünfundvierzig Minuten.
* Gehen Sie spazieren, joggen, um einen Teich im Stadtwald …
* Pausen sind produktive Sortierstopps für den Kopf.

2.3 Aufräumen, wegräumen, abspeichern. So macht Schlaf mental fit

»Schlafen ist eine Kunst.«

Snoopy aus dem Comic »Peanuts« von Charles M. Schulz

Träume gehören sicherlich zu den merkwürdigsten, faszinierendsten und unerklärlichsten Erscheinungen unseres Gehirns. »Träume sind Schäume«, lautet eine Redewendung, die meint, dass die unglaublichen nächtlichen Episoden belanglos seien. Der romantische Schriftsteller E. T. A. Hoffmann erkennt in den nächtlichen Abenteuern das Gegenteil: »Wer wagt, durch das Reich der Träume zu schreiten, gelangt zur Wahrheit.« Der nächtliche Trip bleibt dennoch unerklärlich.

Buchtipp für Wissenshungrige
Matthew Walker (2018): Das große Buch vom Schlaf. Goldmann Verlag, München.

»Wenn es gelänge, dem schlafenden Gehirn direkt zu entlocken, wovon eine Person gerade träumt, wären Träume zum ersten Mal in der Menschheitsgeschichte von außen zugänglich.«

Haynes/Eckoldt 2021: 113

Trauminhalte sind nicht zugänglich

Wir kennen nicht die Trauminhalte, denn sie sind meist verschwunden, wenn wir aufwachen. Allerdings hat die Neurowissenschaft herausgefunden, dass der Schlaf für den Menschen lebensverlängernd, gesund und erholsam ist. Die Schlafdauer ist genetisch bestimmt. Jede der viele Billionen zählenden Zellen besitzt sogenannte Uhrengene, die bestimmte Proteine herstellen, die nach einem Tag zersetzt werden. Das Licht der Sonne ist der Taktgeber für diesen Prozess. Das Schlafbedürfnis ist individuell sehr verschieden. Wenn wir schlafen und unser Bewusstsein abgetaucht ist, schläft unser Hirn nicht. Es gibt vier Schlafzyklen: Einschlafphase, Leichtschlafphase, Tiefschlaf und REM-Phase. Die REM-Phase erkennt man daran, dass der Träumende die Augen rasch bewegt (REM bedeutet »Rapid Eye Movement«). Die Annahme, dass nur in der REM-Phase geträumt wird, ist korrigiert worden, auch in anderen Phasen wird geträumt.

Schlaf ist ein universelles Verhaltensmuster. Alle bislang untersuchten Lebewesen zeigen irgendeine Form von Schlaf: Würmer, Taufliegen, Säugetiere. Elefanten sind genügsame Dickhäuter, sie schlafen im Schnitt nur zwei Stunden pro Tag. Und das nicht einmal durchgängig, sondern verteilt auf vier bis fünf Phasen. Sie sind damit Rekordhalter im Kurzschlaf, gefolgt von Pferden mit drei Stunden und Giraffen, die vier bis fünf Stunden schlafen.

Schlaf sorgt für eine Gedächtniskonsolidierung

Die Aufgabe des Schlafes ist es, das Leben im Wachzustand zu verbessern. Im Schlaf koppeln wir uns zwar von der Außenwelt ab, doch ein Großteil unserer Körperfunktionen verändert sich. Vermutlich regenerieren sich auch unsere Zellen und unser Immunsystem wird gestärkt. Im Schlaf entsorgt unser Gehirn schädliche Stoffwechselprodukte und molekularen Abfall. Nahezu für alle Gehirnprozesse, Wahrnehmen, Denken, Erinnern, Handlungsplanung, also die gesamte Verarbeitung der Informationen, ist es besonders wichtig, dass nachts eine Konsolidierung von Gedächtnisinhalten und ihre Abspeicherung im Langzeitgedächtnis stattfindet. Und für das Lernen ist es unabdingbar, dass die Lerninhalte konsolidiert und abgespeichert werden.

Sicherlich kennen Sie den Spruch »Darüber muss ich erst noch einmal eine Nacht schlafen.«

Dieser Hinweis geht in die richtige Richtung, denn unser Denkapparat ordnet, ändert, speichert alles, was wir tagsüber aufgenommen haben. Und wenn eine wichtige Entscheidung ansteht, kann das Abwarten sehr sinnvoll sein. Schlafen macht schlau!

Was können Sie tun?

* Gönnen Sie sich ausreichend Schlaf.
* Treffen Sie wichtige Entscheidungen bevorzugt einen Tag später, denn wenn Sie eine Nacht darüber schlafen, hat das Gehirn die Möglichkeit, die tagsüber gewonnenen Gedächtnisinhalte zu verfestigen.
* Wenn Sie lernen, autodidaktisch oder in einer Lerngruppe, ist es besonders sinnvoll, gut und ausreichend zu schlafen.

2.4 Step by step ist das neue schnell

»Der kürzeste Weg, um vieles zu erledigen, ist, immer nur eine Sache zu machen.«

Samuel Smiles (1812–1904),
englischer Arzt, Biograf und Sozialreformer

Viele Zeitgenossen meinen, sie seien multitaskingfähig. Das ist ein großer Irrtum! Multitasking, also die zeitgleiche Beschäftigung mit mehreren Dingen, entspricht keineswegs der Arbeit unseres Gehirns. Unser Arbeitsgedächtnis, das nur eingeschränkte Kapazitäten aufweist, ist überhaupt nicht in der Lage, parallel zu arbeiten. Die geistige Leistungskraft nimmt ab, eine mentale Überlastung nimmt zu und der Speicherungsprozess wird empfindlich gestört.

Multitasking

Was ist mit Multitasking gewonnen? Außer Gedankenschnipseln bleibt in unserem Denkorgan kaum etwas hängen. Möglicherweise ist Multitasking akzeptabel, wenn man lediglich nachschauen möchte, ob die angeklickten Informationen für spätere Zwecke nützlich sind. Aber auch dieser Prüfungseffekt bleibt schwach. Die Nebenwirkungen dagegen sind stark. Konzentrationsstörungen, innere Unruhe, Stress und Reizüberflutung gehören dazu. Multitasker schalten permanent zwischen verschiedenen, meist digitalen Medien um und versuchen, ihre Vorhaben zu parallelisieren. Die Annahme, mit Multitasking erhöhe man die Produktivität, ist vermutlich der Grund für die Erledigung paralleler Arbeiten. Dieser Modus und der damit verbundene Konzentrationsverlust vermindern die Arbeitsproduktivität.

Sind Frauen tatsächlich besser im Multitasking?

Ob Mann oder Frau, sind wir gleichermaßen imstande, unsere Aufmerksamkeit zeitgleich auf unterschiedliche Dinge zu verteilen, oder sind Frauen hier im Vorteil?

»Befragen wir die Wissenschaft: Eine Forschungsgruppe der Universität Aachen ließ sechsundneunzig Probanden beiderlei Geschlechts verschiedene kognitive Tests durchführen. In einigen Tests mussten sie die zwei Aufgaben gleichzeitig erledigen (dual-task), in anderen schnell von einer Aufgabe auf die andere umschalten (task-switch). Das Ergebnis war immer das gleiche: Es fanden sich keine nennenswerten Unterschiede zwischen Männern und Frauen. Vielmehr kam es bei beiden Geschlechtern zu deutlichen Leistungsverlusten«. (Busch 2021a)

Die These, dass Frauen eher in der Lage sind, mehrere Medien gleichzeitig zu nutzen, wurde auch in anderen Studien widerlegt. Dieser Mythos vom Multitasking rührt, wie Volker Busch berichtet, von der Tatsache, dass Frauen auch in heutigen aufgeklärten Zeiten überwiegend die Hausarbeit erledigen. Sie müssen daher verschiedene Arbeiten gleichzeitig tun oder zwischen mehreren Verpflichtungen umschalten, also parallel aktiv sein. »Sie haben also nicht zwangsläufig eine bessere Multitaskingfähigkeit, sie haben nur schlichtweg keine andere Wahl.« (Ebenda)

Überlebenskampf im Daten-Dschungel

Beim Multitasking handelt es sich augenscheinlich um einen »Überlebenskampf im Daten-Dschungel«, wie Martin Korte feststellt. Neueste Zahlen von 2022, so der Neurowissenschaftler, besagen, dass in jeder Sekunde etwa sechstausend Tweets abgeschickt, über vierzehntausend Google-Suchanfragen gestellt und mehr als zwei Millionen E-Mails verschickt werden.

»Seit etwa fünfzehn Jahren wird unser Alltag bis in die Schlafzimmer hinein von Smartphones und Tablets durchdrungen. Sechsundsiebzig Prozent der Befragten sind mehr oder weniger immer online, bei Jugendlichen waren es sogar zweiundneunzig Prozent. [...] Diese Informationen haben nicht nur unsere Kommunikationsformen und den Umgang mit Informationen verändert, sondern wirken sich auch auf unser Denken, unsere Wahrnehmung und sogar auf die Struktur unseres Gehirns aus.« (Korte 2023b) Unsere Aufmerksamkeitsspanne, die wir so dringend beim Lernen benötigen, sinkt.

Buchtipp für Wissenshungrige
Manfred Spitzer (2015): Cyberkrank. Wie das digitalisierte Leben unsere Gesundheit ruiniert. Droemer Verlag, München.

Es gibt einen Unterschied zwischen Multitasking und Task-Switching. Beim Multitasking erledigen wir mehrere Dinge gleichzeitig, beim Task-Switching wechseln wir zwischen zwei (oder mehreren) Aufgaben. Das allerdings führt nicht dazu, dass wir erfolgreicher sind. Aktuelle Untersuchungen deuten sogar darauf hin, dass Task-Switching, also der schnelle Wechsel zwischen verschiedenen Tätigkeiten, bei Multitaskern (Menschen, für die der Versuch des Multitaskings Alltag ist) sogar schlechter klappt. Wir können zwar zwischen verschiedenen mentalen Tätigkeiten wechseln, aber nur unter der Voraussetzung, dass die Aufgaben anspruchsvoll und kognitiv herausfordernd sind. Und auch dann ist der Erfolg fraglich.

Kann man Multitasking trainieren?

Für eine Studie wurde eine Gruppe von Menschen, die intensives Multitasking betrieb, mit einer Gruppe verglichen, die nur in einem geringen Umfang Multitasking anwendete. Das Ergebnis dieser Studie der Stanford University fiel wie folgt aus: Die multimedialen Multitasker waren den Verweigerern dieser Methode unterlegen. Vor allem waren diejenigen, die das Multitasking sonst eher mieden, besser darin, unwichtige Informationen von relevanten zu unterscheiden. Wer also hofft, Multitasking, dieses Mehrprogrammbetrieb des Gehirns, durch Üben zu erlernen, der irrt – und merkt es nicht einmal. Ein Sprichwort aus Ungarn lautet: Wer zwei Hasen jagt, fängt keinen.

… eins nach dem anderen

Wie wir gelesen haben, verschlechtert Multitasking in der Regel die geistige Leistungsfähigkeit und führt zu Aufmerksamkeitsdefiziten, auch wenn wir das meistens nicht wahrhaben wollen. Multitasking verschlechtert auch den Lernprozess, weil unser Gehirn nur begrenzt in der Lage ist, relevante Informationen im Arbeitsgedächtnis zu speichern. Multitasking ist auch ein Ausdruck der inneren Haltung. Wir wollen alles, und das sofort. Das steigert die Ungeduld und diese wiederum wird mit verstärktem Multitasking beantwortet. Produktiv zu sein, kann nicht bedeuten, jeden Tag noch voller zu packen mit immer mehr Tätigkeiten, sondern das Richtige im richtigen Moment zu tun, und zwar eins nach dem anderen. Wer bewusst auf Multitasking verzichtet, gewinnt Zeit für das Wesentliche.

Menschen mit trainierter Willenskraft und hoher Selbstkontrolle sind glücklicher, zufriedener und langfristig erfolgreicher. Durch mehr Willenskraft trainieren sie auch ihr Konzentrationsvermögen und genießen die Momente, in denen sie ihren Zielen treu bleiben, obwohl es viele Ablenkungsmöglichkeiten gegeben hätte.

Was also können wir tun? Nachfolgend einige Vorschläge und Anregungen, wie jeder für sich selbst die Kontrolle über sein Konzentrationsvermögen ein Stück weit zurückgewinnen kann: konzentrierter arbeiten und lernen, sich nur eine Sache vorzunehmen und anschließend sich der nächsten Aufgabe zu widmen.

Was können Sie tun?

* Schalten Sie Ihr Handy aus und legen Sie es weg, da Ihre Konzentration durch Piepstöne, Vibrationsalarm oder allein schon durch den Anblick des Smartphones gestört wird.
* Schalten Sie Ihr E-Mail-Programm aus. Öffnen Sie das Mailprogramm nur dreimal am Tag, dann sollten Sie die Mails bewusst und konzentriert bearbeiten.
* Nachrichten mit wenigen Sätzen schreiben, sonst zum Telefon greifen.
* Unterscheiden Sie konsequent zwischen Online- und Offline-Zeiten und lehnen Sie Anforderungen ab, die Ihre Aufmerksamkeit spalten.
* Halten Sie ein Gleichgewicht zwischen Aufmerksamkeit, Achtsamkeit und Fokussierungen auf der einen Seite und Ablenkung und Zerstreuung und auf der anderen Seite.
* Der Mediziner Volker Busch empfiehlt, eine »Tiefe Stunde« einzurichten, in der Sie ausschließlich bei einer Sache bleiben (Busch 2021c).

2.5 Vielen nicht bekannt: geistige Power durch Aufmerksamkeitssouveränität

»Unser Leben ist nichts anderes als das, worauf wir unsere Aufmerksamkeit richten.«

William James (1842–1910), Begründer der Psychologie

Im Informationszeitalter ist die Aufmerksamkeit ein sehr knappes Gut. Die meisten Menschen sind sich wahrscheinlich nicht darüber im Klaren, dass in der modernen und meist digitalen Welt ein Kampf um ihre Aufmerksamkeit tobt. Um zu gewinnen, müssen Unternehmen, Institutionen und soziale Medien sich auf das Nutzererlebnis konzentrieren und ihre Technologie gezielt einsetzen. Gerade die Beliebtheit in sozialen Medien ist zu einer harten Währung geworden, mit der sich viel Geld verdienen lässt. Aufmerksamkeit ist zu einer neuen Zahlungsmittel und einer wichtigen Vorstufe für Erfolg geworden. Schon vor Jahren hat der Ökonom Georg Franck gewusst: »Die Aufmerksamkeit anderer Menschen ist die unwiderstehlichste aller Drogen.« (Hörisch 2023)

Aufmerksamkeit, so Franck, sei die zugewandte und zugleich wache Geistesgegenwart, mit Aufmerksamkeit sei stets selektive Informationsverarbeitung gemeint. Und das ist in digitalen Zeiten mit einem Überangebot von Informationen für viele Menschen schwer möglich. Immer nur Input und wenig Zeit für Pausen und Ablenkung sorgt für einen Dauerstress im Gehirn.

Es gibt keine fixe Aufmerksamkeitsspanne

Sicherlich haben Sie schon davon gehört, dass unsere Aufmerksamkeitsspanne sinkt. Angeblich lag sie im Jahr 2000 bei zwölf Sekunden und 2013 schon bei acht. Wir wissen nicht, wie die Zahlen berechnet wurden, sie sind auf jeden Fall ein Märchen. Wie gut oder schlecht wir uns konzentrieren können und wie aufmerksam wir sind, hängt von der Aufgabe, von der Ablenkungsbereitschaft sowie störenden Unterbrechungen in unserer Umgebung ab. Eine oft behauptete, feste Aufmerksamkeitsspanne existiert nicht, zumindest ist sie biologisch bisher nicht nachweisbar.

Es kommt also maßgeblich darauf an, wie jeder mit dem Feuerwerk an Informationen und Ablenkungsangeboten umgehen kann, und darauf, wie man die »digitale Vermüllung unserer Gehirne« (Urner 2021a) abwehren kann. Wir haben uns daran gewöhnt, uns schnell ablenken zu lassen. Das heißt aber nicht, dass wir nicht mehr anders können.

Die Verantwortung für deine Aufmerksamkeit liegt bei dir

Wer meint, wir hätten eine kleine Aufmerksamkeitsspanne, schiebt die Verantwortung für sein Handeln weg und ist mehr oder weniger machtlos. Viele Zeitgenossen haben eine falsche Erwartungshaltung entwickelt: Beispielsweise soll das Lernen schnell in Mikro-Lernkursen oder in kleinen Anstößen mit Nudging erfolgen. Lernangebote sollen interessant gestaltet sein und die Teilnehmenden dort abholen, wo sie gerade sind. Wenn man sich dann schon nicht konzentrieren kann, soll es wenigstens eine leicht verständliche Zusammenfassung geben.

Um nicht falsch verstanden zu werden: Selbstverständlich sollte Lernen bedarfsorientiert, auf die Lebenswirklichkeit der Teilnehmenden zugeschnitten und didaktisch effektiv gestaltet sein. Aber jeder Lernprozess benötigt eine gewisse Zeit. Menschen haben auch unterschiedliche Lerngeschwindigkeiten. Kurze Lernsnacks und andere Micro-Learnings sind für unser Gehirn völlig wertlos. Denn Lernen bedeutet Informationen vernetzen, einordnen, sortieren. Das geht nicht in Mini-Snippets.

Unser Gehirn im dauerhaften Alarmzustand

Auch in puncto Aufmerksamkeit meldet sich unser Steinzeitgehirn. Aus der Vielzahl der Umgebungsreize kann unser Denkapparat jene herausfiltern, die für das Überleben bedeutend sind. Herausfiltern heißt, sie ins Bewusstsein zu lassen. Das Ausmaß lebensbedrohlicher Gefahren ist heutzutage deutlich geringer. Aber die Architekten der sozialen Medien bedienen sich uralter menschlicher Instinkte. Bestimmte Geräusche und negative Nachrichten überwinden nahezu immer die Bewusstseinsschwelle. Dazu kommt, dass sich viele Lebensbereiche online regeln lassen: Mails bearbeiten, Homebanking, Partnerwahl, Reisebuchungen, arbeiten und lesen. Zwischen den verschiedenen Seiten beziehungsweise Programmen hin und her zu klicken, ist kein Problem. Wir erzeugen somit für unsere Gehirnzellen einen dauerhaften Alarmzustand. Wir überfordern unser Oberstübchen, was sich in Unkonzentriertheit, Unaufmerksamkeit oder in Erschöpfung verdeutlicht. Die Aufmerksamkeit, so der oben bereits erwähnte Ökonom Georg Franck, strukturiert das soziale Miteinander. Gegenseitiger Respekt, Teamgeist und Wertschätzung haben viel damit zu tun, wie viel Zeit man wem widmet.

Buchtipp für Wissenshungrige

Yvo Wüest (2022): Mini-Handbuch. Didaktische Reduktion. Beltz Verlag, Weinheim.

Werde ein Souverän deiner Konzentration und Aufmerksamkeit

Jedes Handeln und jede Lösung für ein Problem beginnen in unserem Kopf. Digitale Medien, allen voran die Freundschaftsnetzwerke, besitzen eine magische Anziehungskraft. Sie sind zu einer machtvollen Drehscheibe digitaler Kommunikation geworden. Nur sind die vielen Informationen dort für den Einzelnen meist irrelevant. Trotzdem oder gerade deshalb erhalten die größten Banalitäten eine hohe Zuwendung.

Um mehr Konzentration und Aufmerksamkeit zu erlangen, ist es erforderlich, sich von den Reizen abzukoppeln. In der Fülle gleichzeitiger Informationen gelingt uns die Selektion von Relevantem nicht gut. Unsere Aufmerksamkeit auf das Wichtigste zu richten, schützt uns zum einen vor Reizüberflutung, zum anderen haben wir eher unsere Ziele im Blick.

Was können Sie tun?

* Verabschieden Sie sich von dem Glauben, es gäbe eine fixe Aufmerksamkeitsspanne.
* Überprüfen Sie, wenn Sie sich mit einer Sache beschäftigen, wovon Sie abgelenkt werden.
* Schalten Sie alle Störungen und Ablenkungen ab, wenn Sie sich einer Aufgabe widmen wollen.
* Legen Sie ein Zeitfenster für sich fest, in dem Sie alle digitalen Aktivitäten, welche um Ihre Aufmerksamkeit buhlen, notieren.

3 Das Gehirn hat keine Speichertaste – Lern- und Entwicklungsprozesse neu betrachten

»Die Fähigkeit, neue Ideen zu entwickeln, ist zunächst keine Frage des Schulsystems, des Alters oder der Intelligenz. Es ist eine Frage der Haltung und ob man Menschen ermutigt, die Dinge aktiv zu hinterfragen.«

Henning Beck (*1983), Neurowissenschaftler

Wenn wir unser Potenzial entwickeln oder auch einfach nur besser lernen wollen, gilt es zunächst zu akzeptieren: Das Gehirn funktioniert nicht wie ein Computer. Das hat einen großen Vorteil. Das Gehirn ist viel leistungsfähiger als eine Maschine. Es gibt auch einen kleinen Nachteil, wir können nicht einfach den Speicher erweitern oder einen schnelleren Prozessor einbauen. Lernprozesse und persönliche Entwicklungen lassen sich nicht so einfach planen wie die Einrichtung einer neuen Küche.

Genau genommen benötigen wir eine ganz andere Vorstellung von Planung hierfür. Denn die Neuroplastizität des Gehirns macht die Sache etwas komplexer. Wir sollten für unsere Vorstellung eher das Bild von Szenarien oder Lern- und Entwicklungsumgebungen im Kopf haben. Die eigenen Fähigkeiten verbessern ist eine mehrschichtige Aufgabe, weil eben mehrere Faktoren ständig Einfluss haben. Drehen wir an einer Stellschraube, dann ändern sich auch alle anderen Bedingungen. Die folgenden Ansatzpunkte sind daher nicht als Stufenplan zu verstehen. Es gilt genau genommen immer und auch in Zukunft immer wieder an allen Punkten anzusetzen.

Das mag auf den ersten Blick etwas blöd klingen, aber wenn man mehr in der Art und Weise denkt, wie man eine Kulisse für gutes Lernen schafft, und weniger in der Art und Weise, wie man einen Plan im klassischen Sinne aufstellt, wird es viel einfacher sein, die eigenen Wachstumsmöglichkeiten zu entdecken und zu entwickeln.

3.1 Raus aus negativen Informations- und Denkspiralen

»Das Reden über Probleme schafft Probleme, das Reden über Lösungen schafft Lösungen.«

Steve de Shazer (1940–2005),
US-amerikanischer Autor und Psychotherapeut

Coronapandemie, Kriege, Inflation, Klimawandel, Migration ... Wir fühlen uns von vielen bedrohlichen Schlagzeilen erschlagen. Auch wer nicht zu depressiver Verstimmung neigt, fühlt sich in der Dauerschleife fataler Botschaften und dunkler Prognosen gefangen. Früher sprach man von persönlichen Krisen, beispielsweise von der Midlife-Crisis. Heute wird der Begriff »Krise« inflationär verbreitet. Geradezu jede Nachricht ist angefüllt mit katastrophalen Ereignissen. Um der vermeintlichen Dauerkrise zu entkommen, sollten wir erkennen, dass wir in unserem Kopf damit beginnen müssen. Damit wäre der erste Schritt getan.

Alles beginnt im Kopf

Unser Oberstübchen ist kein Computer. Das Hirn verfügt nicht über eine Lösch- oder Speichertaste oder andere Funktionen, die ein Computer hat. Informationen werden nicht neutral verarbeitet, sondern mit Vorwissen verknüpft. Alles, was wir wahrnehmen, erinnern und entscheiden, ist abhängig von zahlreichen Einflüssen, bisherigen Erfahrungen und unserer Genetik. Von daher verändert jede Information, die uns durch Worte oder Bilder erreicht, unser Gehirn! Ein junges Gehirn ist weitaus stärker belastet, weil es, neuroplastisch gesehen, deutlich wandlungsfähiger ist und die Formbarkeit besonders hoch ist. Jeder Eindruck hinterlässt hier tiefere Spuren als in einem älteren Gehirn.

Viele Menschen haben sich an den Dauerkrisenmodus fast schon gewöhnt und stumpfen ab. Das ist gesundheitlich und gesellschaftlich gefährlich, weil wir den einzelnen Negativnachrichten keine Energie entgegensetzen können. Nicht wenige Zeitgenossen fühlen sich erschöpft, antriebsarm und einfach groggy. Warum ist das Dauerfeuer problematischer Informationen so kräftezehrend? Unser Gehirn nimmt ständig Impulse in der Umgebung wahr, vergleicht sie mit abgespeicherten Ereignissen und trifft dann eine Vorhersage. Unser Bestreben, an Gewohnheiten festzuhalten, geschieht nicht nur aus Energiespargründen, sondern auch um Ungewissheit und Unsicherheit zu reduzieren. Und in Krisenzeiten ist die Unsicherheit besonders hoch.

Wenn unser Denkapparat nicht mehr im Vorhersagemodus ist und in ständiger Ungewissheit verbleibt, dann läuft dieser Prozess ins Leere, was für viele sehr belastend ist.

Die Menschen sind unterschiedlich. Die einen ziehen sich ins Privatleben zurück, andere ignorieren Nachrichten, wiederum andere besprechen die Probleme und diskutieren miteinander.

Was können wir tun?

Die Professorin für Neurowissenschaft und Medienpsychologie Maren Urner beschäftigt sich besonders mit der Verantwortung der Medien und ihrer Berichterstattung in krisenhaften Zeiten. Sie hat »Perspective Daily« mitgegründet, ein Online-Magazin, das nach dem Prinzip des konstruktiven Journalismus arbeitet. Ziel ist es, nicht nur Fakten zu vermitteln, sondern auch mögliche Lösungen. In ihrem Buch »Raus aus der Dauerkrise« schreibt die Wissenschaftlerin: Wenn wir begreifen, dass die »größte Revolution unserer Generation die Entdeckung [ist], dass menschliche Wesen die äußeren Aspekte ihres Lebens verändern können, indem sie die inneren Einstellungen ihres Geistes verändern«, bedeutet das: »Wir können uns nicht nur wehren, indem wir bestimmen, worauf wir unsere Aufmerksamkeit richten, sondern wir können durch die aktive Beeinflussung unserer Gedankenwelt – also unseres Gehirns – die Welt selbst verändern.« Mit anderen Worten: Die innere Einstellung ist entscheidend, um aus dem Krisenmodus herauszukommen. Wenden wir uns zunächst möglichen Handlungsoptionen zu. (Urner 2021a)

Handlungsoptionen

Wir haben zahlreiche Handlungsoptionen: zum Beispiel das Smartphone. Es ist an der »digitalen Vermüllung« maßgeblich beteiligt. Jeder weiß, wie schwierig es sein kann, dem Vibrieren, Blinken und Tönen nicht nachzugeben. Hinzu kommt, dass unser Gehirn sich gerne ablenken lässt. Die technische Ausstattung der digitalen Geräte ist inzwischen so weit fortgeschritten, dass man meint, in Echtzeit bei den Ereignissen dabei zu sein. Wenn wir akzeptieren, dass unser Smartphone uns immer wieder in den Strudel von Negativmeldungen zieht, können wir das Gerät vorübergehend ausschalten oder anderweitig nutzen: Musik hören, Fotos betrachten, Mails schreiben und vieles anderes. Unser sich noch immer im Steinzeitmodus befindendes Gehirn zeigt grundlegende Mechanismen, die dieselben sind wie zu Zeiten unserer Vorfahren. Das Hauptziel unseres Oberstübchens besteht darin, uns am Leben zu erhalten. Von daher haben wir eine Vorliebe für negative Informationen, denn sie können uns warnen und somit am Leben erhalten. Das ist evolutionsbiologisch sinnvoll.

Wie oben erwähnt, verarbeitet unser Denkapparat alle eintreffenden Impulse, gleichgültig, ob Wort, Schrift oder Bild. Zur vollständigen Informationsverarbeitung gehören Pausen, in denen kein weiterer Input sich ankündigt. Digitale Medien ausschalten, spazieren gehen oder nichts tun.

Statisches Denken durch dynamisches Denken ersetzen

Aus der Sicht von Maren Urner zeichnet sich statisches Denken durch Lagerbildung und Schwarz-Weiß-Denken aus. »Statt uns von alten Gewohnheiten, Unsicherheit und Angst vor Kontrollverlust treiben zu lassen«, konstatiert Maren Urner (2021b), »und so den alten Funktionsweisen unseres Steinzeithirns das mentale Steuer zu überlassen, müssen wir lernen, unsere neueren Hirnfunktionen besser zu nutzen. [...] Wir lassen das reflexartige Lagerdenken hinter uns und fragen statt ›Was trennt uns?‹ immer ›Was verbindet uns?‹«

Buchtipp für Wissenshungrige
Maren Urner (2019): Schluss mit dem täglichen Weltuntergang. Droemer Knaur, München.

Der Treiber für dynamisches Denken ist Neugier

Neugierde ist eine natürliche Gabe, sie steckt in jedem Menschen und ist der unbändige Drang, Neues zu erfahren sowie alte Denkmuster hinter sich zu lassen. Wissensdurst scheint unser Hirn in einen Zustand zu versetzen, der uns deutlich effektiver lernen lässt – vergleichbar mit einem trockenen Schwamm, der Wasser aufsaugt. Diese Erkenntnis ist besonders für Lehrende äußerst bedeutsam. Wer dynamisch denkt, stellt wirkungsvollere Fragen. Statt gegen etwas zu sein, sollten wir mehr fragen, woran wir interessiert sind, wofür wir eintreten oder was uns verbindet. Statt eines statischen Verhinderungsdenkens ist dynamisches Ermöglichungsdenken notwendig.

Jeder Gedanke verändert uns. Maren Urner empfiehlt, mehr persönlich zu kommunizieren, denn der Mensch ist ein soziales Wesen. In einem Gespräch zu zweit verändert jedes Wort nicht nur ein Gehirn, sondern zwei! Sicherlich haben Sie die Erfahrung gemacht, dass Zahlen und Fakten in der Argumentation meistens unwirksam sind, da unsere Gefühle mächtiger sind. Viele Menschen fühlen sich mit den Negativmeldungen alleingelassen. Man sollte sich deshalb mit Freunden und der Familie austauschen, anstatt nur allein am Handy zu sitzen. Um der Schleife der Negativschlagzeilen zu entkommen, müssen Organisationen, Politiker und auch wir selbst Wege finden, die Emotionen stärker zu berücksichtigen. »Auch bei der vermeintlich ›irrationalsten‹ oder ›emotionalsten‹ Tätigkeit, zu der wir in der Lage sind, basieren unsere Entscheidungen immer auf Kosten-Nutzen-Analysen« (Urner 2021c).

Was können Sie tun?

* Reduzieren Sie Negativinformationen, indem Sie nicht permanent danach Ausschau halten, sondern gezielt und ausgesuchte Nachrichten konsumieren.
* Schalten Sie Ihr Smartphone zwischenzeitlich aus oder nutzen Sie es anderweitig.
* Legen Sie zwischen belastenden Informationen unbedingt Pausen ein, damit sich Ihr Gehirn entspannen kann.
* Ziehen Sie sich nicht ins Privatleben zurück, sondern thematisieren Sie untereinander die belastenden Informationen, um aus dem Dauerkrisenmodus zu kommen.
* Vermeiden Sie weitgehend das statische Denken und ersetzen Sie es durch dynamisches Denken, indem Sie neugierig bleiben, Neues zu erfahren. Nirgends gibt es lediglich schwarz und weiß.
* Sprechen Sie über die scheinbaren Dauerkrisen mit anderen, teilen Sie sich mit, aber konzentrieren Sie sich dabei auf Lösungen und vermeiden Sie, über den Status quo zu klagen.

3.2 Verborgene Talente wecken

»Man erkennt seine eigenen Talente erst, nachdem man den Versuch damit gemacht hat.«

Friedrich II. (1712–1786), preußischer König, »Der Alte Fritz«

In jedem Menschen schlummern verborgene Talente. Ein Talent hat unzählige Gesichter und kann nahezu alles sein: der eine kann virtuos Klavier spielen, der andere hat ein absolutes Gehör und der Nächste kann mit Zahlen spielen, rückwärts Fahrrad fahren oder sich in andere Menschen hineinversetzen. Manche haben das Talent, Konflikte zu moderieren, mit ihrem Humor Mitmenschen zum Lachen zu bringen oder außergewöhnliche Hilfe zu leisten.

Wann ertönt der Weckruf für Talente?

Was im Verborgenen schlummert, kann auch geweckt werden. Oft zeigen sich Talente durch Zufall. Ich blicke auf ein Erlebnis zurück: Beim Ballspielen schoss eines der Kinder den Ball versehentlich auf ein Hausdach. Ein Mitspieler, er hieß Peter, kletterte rasch auf das Dach, zog sich über Bäume hoch, hielt sich an der Dachrinne und an Fensterläden fest und zeigte, oben angekommen, schließlich triumphierend den Ball. Wir alle strahlten und lobten Peter für sein Talent, schwindelfrei auf ungewöhnliche Art nach oben zu kraxeln. Inwiefern das in einen Beruf als Dachdecker mündete, wissen wir nicht. Aber Peter hat Talent gezeigt und Begabungen mitgebracht, die für diesen Beruf nützlich wären.

Auch der bekannte Hirnforscher Gerald Hüther entdeckte eines seiner Talente eher zufällig: »Ich konnte mir«, so der Professor für Neurobiologie, »in der Schule nichts merken, also habe ich mir Spickzettel gemacht. Doch bald wurde der Stoff zu umfangreich.« (Müller 2021: 21) Hüther entdeckte seine Fähigkeit, komplexe Sachverhalte auf ihre Kernbotschaften zu verdichten. Auf dieses Talent, das für einen Wissenschaftler vorteilhaft ist, kann Hüther bis zum heutigen Tag zurückgreifen. Viele Leser seiner Bücher und Teilnehmende an seinen Veranstaltungen schätzen Hüther sehr, weil er komplizierte Dinge so auf den Punkt bringt, dass auch Nichtwissenschaftler von den Informationen profitieren können. Talente können mehr oder weniger zufällig bei einer Gelegenheit entdeckt werden.

Hirnforscher glauben, dass talentierten Menschen grundsätzlich eine höhere Kapazität des Arbeitsgedächtnisses, größere Flexibilität bei der Wahl kognitiver Strategien und höhere Effizienz bei der schöpferischen Ausführung zugeschrieben werden können.

Von Talentkillern und Selbstzweifeln

Häufig werden allerdings die ersten erkennbaren Begabungen eines Kindes im Keim erstickt. Der Nachwuchs wird zum Objekt der Erwartungen durch die Eltern. »Das ist Talentkillerei«, sagt Gerald Hüther (Müller 2021: 21). Auch reagieren Erwachsene auf Versuche der Kinder, Neues auszuprobieren und zu entdecken, mit abschätzigen Worten: Lass das, da kommt nichts dabei heraus, es hat keinen Zweck ... Auch weitere Versuche, die Gunst der Erwachsenen zu finden, scheitern. Die Motivation, etwas Eigenes zu entdecken, wird vernichtet. So wird der Samen für Selbstzweifel gesät. Und im späteren Leben hört man dann oft den Satz »Dazu habe ich kein Talent!«.

Erwachsene und vor allem Eltern sollten die Kinder ermutigen, die Welt zu erkunden und ihre Talente zu entdecken (Kölsch 2022). Generell können Kinder angespornt oder gebremst werden, wenn Talente sich zeigen. Hier trifft das Wort der österreichischen Schriftstellerin Marie von Ebner-Eschenbach zu: »In den meisten Fällen ist die Familie für ein junges Talent entweder ein Treibhaus oder ein Löschhorn.« (www.aphorismen.de)

So entdecke ich meine eigenen Talente

Vielen Menschen ist allerdings nicht bewusst, über welche besonderen Befähigungen sie verfügen. Und das eigene Potenzial zu finden fällt vielen schwer. Zumindest bezogen auf sich selbst assoziieren viele Menschen mit dem Begriff Talent unerreichbare Spitzenleistungen und meinen, sie hätten damit nichts zu tun. Talente bleiben unsichtbar und sind so unterschiedlich wie das Leben selbst, aber es gibt keinen talentfreien Menschen. Wie entdeckt man seine Talente, wie kann man diesen Schatz heben?

Personalabteilungen in Unternehmen sind stets auf der Suche nach talentierten Mitarbeitern. Doch das Recruiting basiert oft auf umfangreichen Formalitäten und baut unpersönliche Hürden im Internet auf. Das kann Talentierte abschrecken und die Begabung wird nicht geweckt. Auf diesem Weg rutschen talentierte Interessenten den Unternehmen durch die Finger. Natürlich benötigt eine Firma in jedem Bewerbungsgespräch aussagekräftige Unterlagen. Talente entdeckt man vorzugsweise in einem persönlichen Gespräch und HR-Abteilungen sollten im Bewerbungsprozess möglichst schnell mit dem Bewerber persönlich sprechen. Modernes Recruitment konzentriert sich auf Talentfindung.

Der erste Schritt, um verborgene Talente zu entdecken, ist, anerzogene Selbstzweifel zu erkennen, zu hinterfragen und auszuräumen. Jeder hat ein Talent, man muss es nur als solches erkennen. Werfen Sie einen Blick in Ihre biografische Vergangenheit. Betrachten Sie alte Fotoalben. Sprechen Sie mit damaligen Bezugspersonen. Reisen Sie in Ihren Erinnerungen. Es kommt darauf an, vergangene Handlungen, Kontakte und Aufgaben zu entdecken und neu zu bewerten. Probieren Sie Dinge aus, die Sie bislang nicht taten: tanzen, singen, turnen, stricken, malen, Sport und vieles andere. Möglicherweise wurde Ihnen die eine oder andere Neuentdeckung in der Vergangenheit ausgeredet, weil Sie »untalentiert« waren. Nun haben Sie die Freiheit, Ihren unerkannten Befähigungen nachzugehen. Talentsuche ist Langstrecke und kein Sprint. Mit Zuversicht und Geduld kommen Sie zum Ziel.

Und ob Sie Ihre Talente in Ihrer Freizeit verwirklichen oder sich beruflich entsprechend Ihren Befähigungen weiterentwickeln, können nur Sie entscheiden.

Was können Sie tun?

* Sollten Sie Selbstzweifel haben und der Ansicht sein, Sie hätten keine Talente, gehen Sie diesem Irrtum auf die Spur und verabschieden Sie sich davon!
* Tun Sie etwas, das Sie noch nicht kennen, vielleicht sind Sie dort talentiert. Turnen, malen, Kräuterbeet anlegen, schwimmen, wandern, Flöte spielen ... Es kommt nicht auf Superlative an.
* Unternehmen Sie eine Reise in Ihre Geschichte. Stöbern Sie in ihrer biografischen Vergangenheit, betrachten Sie Fotoalben, ihren Lebenslauf und sprechen Sie mit Personen, mit denen Sie früher Kontakt hatten.
* Gelingt es Ihnen nicht, Ihre Begabungen zu entdecken, kann fremde, professionelle Unterstützung hilfreich sein.

3.3 Lernprinzipien für mehr Lernerfolg

»Der Mensch soll lernen, nur die Ochsen büffeln.«

Erich Kästner (1899–1974), deutscher Schriftsteller

Drei Grundpfeiler des Lernens

Unser Gehirn lernt immer, vom ersten bis zum letzten Atemzug. Es ist zunächst unerheblich, wie, wann und wo die Impulse der Umgebung in unser Gehirn gelangen. Alle fünf Sinne stehen auf Empfang und schicken ihre Impulse ins Gehirn. Verarbeitet werden sie erst im nächsten Schritt. Lernen ist eine Dauerbaustelle. Lerninhalte ändern das neuronale Netzwerk, bauen Verknüpfungen auf, aber auch ab, und nicht alles wird dauerhaft abgespeichert. Manches bleibt im Netz der Erinnerung hängen und taucht in veränderter Form auf.

Wir unterscheiden drei Grundpfeiler des Lernens: die Wiederholung, das Klettenprinzip und die emotionale Bindung. Jeder hat es selbst erlebt, dass die Wiederholung des Lernstoffs neuronale Spuren im Netzwerk hinterlässt, die bei mehrfacher Aktivierung verstärkt werden und aus einem Trampelpfad eine gut Datenautobahn machen. Auf diese Weise verfestigt sich das Gelernte in unserem Kopf.

Das zweite Grundprinzip des Lernens wird Klettenprinzip genannt. Warum? Weil Kletten eine raffinierte Fähigkeit besitzen, sich zu verbreiten. An vorbeistreifenden Tieren bleiben Kletten am Fell haften. Und die Tiere tragen somit dazu bei, dass Kletten und damit die darin befindlichen Samen in alle Richtungen getragen werden. Vera Birkenbihl hat dafür den passenden Begriff »Wissensfäden« kreiert. Nur wenn neuer Lernstoff in einen sinnvollen Kontext mit bereits vorhandenem Wissen gebracht wird, können wir Neues lernen und verstehen. Lernen ohne einen Vorstellungsanker ist schwierig, vor allem bei komplexen Sachverhalten.

Dass Lernen Freude bereiten und in einer emotional positiven Umgebung stattfinden sollte, kennt jeder aus eigener Erfahrung. Von guten Gefühlen begleitet, gelingt der Lernvorgang besser als unter Druck, mit hektischer Eile oder in einem pausenlosen Abarbeiten der zu lernenden Inhalte. Deutschlands bekanntester Komiker der Sechzigerjahre, Heinz Ehrhardt, hat es mit folgenden Worten beschrieben: »Das Lernen macht stets dann Verdruss, wenn man's nicht will, es aber muss.«

Lerntechniken

Wie oben beschrieben, sind Wiederholungen die einfachste Art, Informationen in seinem Gehirn zu verankern. Wer darüber hinaus aber die Informationen verarbeitet, Zusammenfassungen erstellt, sich handschriftliche Notizen macht, wird langfristigen Lernerfolg ernten. Wörter werden im Gehirn sofort in Bilder übersetzt. Von daher sollten Daten mit Bildern und Geschichten verknüpft werden. Informationen nur durchlesen bringt wenig. Wer sich selbst abfragt, profitiert von dem Vorteil, dass man die Lerninhalte immer wieder selbst reaktivieren muss. Das wiederholte Sich-selbst-Abfragen ist besonders wirksam, denn nur so kann man die Informationen auffrischen und bestätigen! Eselsbrücken oder Mnemotechniken fördern den Verknüpfungsprozess unseres Gehirns.

Lebenslanges Lernen

Lebenslanges Lernen? Klingt gut, ist gut und entspricht auch der Arbeitsweise unseres Gehirns. Denn unser Oberstübchen lernt unentwegt, und das nicht nur, wenn der Besitzer eine Bildungseinrichtung betritt oder ein Lehrbuch liest. Neues aufnehmen, Sinneseindrücke verarbeiten, etwas Ungewohntes ausprobieren, all das ist ein wahres Festmahl für unser Oberstübchen. Und das könnten wir bestens nutzen! Könnten! Denn lebenslanges Lernen ist oft eine schmückende Selbstbehauptung und keine zeitlebens praktizierte Tätigkeit.

Doch in den letzten Jahren hat sich immer stärker die Erkenntnis durchgesetzt, dass lebenslanges Lernen hilft, der abnehmenden »Halbwertzeit des Wissens«

entgegenzuwirken und die Wettbewerbsfähigkeit der Unternehmen abzusichern. Lebenslanges Lernen und damit die fachliche und betriebliche Weiterbildung sind mittlerweile für die Wirtschaft unverzichtbar. Eine Studie der Unternehmensberatung »Sopra Steria Consulting« aus dem Jahr 2017 kommt zu dem Ergebnis, dass dreiundvierzig Prozent der Unternehmen auf die Qualifizierung ihrer Mitarbeiter statt auf die Anwerbung neuer Fachkräfte setzen (Unternehmerhandbuch 2018).

Wer lebenslanges Lernen ernst nimmt, ist stets auf der Ausschau nach Neuem, will dazulernen, sich den veränderten Anforderungen in Beruf und Alltag stellen und sie auch mitgestalten. Der Lernvorgang ist weitgehend abgeschlossen, wenn die Inhalte in einer Handlung angewendet werden.

Praxistransfer schließt den Lernprozess ab

Lernen ist bei vielen Menschen nicht nur positiv besetzt. Mit dem Begriff »Schule« verbinden viele Menschen pauken, büffeln, Wissen einbimsen und Druck. Lernen ist für manche augenscheinlich ein fürchterlicher Vorgang, an den sie sich nur ungern erinnern. Und das ist verständlich, denn häufig werden nur Zahlen, Daten und Fakten vermittelt, das Verständnis bleibt auf der Strecke. Keine Frage, Zahlen, Daten und Fakten sind wichtig. Sie müssen nur eingebettet werden in die Ereignisse, Tatsachen und Zusammenhänge, zu denen sie gehören.

Für das Lernen hinderlich ist, dass manche Fortbildung wie eine Insel aus dem Meer des beruflichen Alltags herausragt. Eingezwängt zwischen Terminen, Meetings und einer Flut von Informationen wird dann ein Training lustlos erledigt. Kaum wieder am Arbeitsplatz, türmen sich Datenberge auf, jagt ein Meeting das nächste, machen Termindruck und Kompetenzgerangel den Trainingserfolg zunichte. Was bleibt? Wenig. Lernergebnisse werden zügig stillgelegt – bis zur nächsten Weiterbildung. Praxistransfer? Fehlanzeige!

»Denn Lernen bedeutet, Wissen anwenden zu können. Es nur zu speichern wäre viel zu wenig.« (Beck 2020)

Totes Wissen schlummert in unseren Köpfen

Wir haben Geschichtszahlen gelernt, können die binomischen Formeln aufsagen und sind in der Lage, Vokabeln, grammatische Regeln sowie naturwissenschaftliche Definitionen wiederzugeben. Mithilfe verschiedener Lerntechniken ist uns das gelungen. Die Frage ist nur, haben wir das alles auch verstanden, haben die auswendig gelernten Fakten das Verstehen befördert oder fristen sie als totes Wissen ein kümmerliches Dasein in unserem Hirn? Wie viele Berge lebloser Wissensbrocken schlummern kaum genutzt in den Köpfen unzähliger Menschen, die so etwas lernen mussten? Unser Hirn kann faktenorientierte Wissensbrocken kaum verwerten. Wer etwas wissen will, kann googeln. Denn vieles von dem, was mit Fakten, Daten und Zahlen behandelt oder aus dem Seminar mitgenommen wurde, vergeht schneller als Schnee in der prallen Mittagssonne.

Wir können üben, bis wir schwarz werden. Die allermeisten trockenen Sachverhalte bleiben nun mal nicht im Netzwerk unserer Erinnerung hängen, vielleicht gerade bis zur nächsten Prüfung. Es gibt unzählige pädagogische und didaktische Konzepte, unterschiedliche Schulformen und Bildungsideale. Das Verstehen fristet oft ein Schattendasein.

»Denn auch wenn man noch so effizient gelernt hat, heißt das noch nicht, dass man versteht, worum es geht. Verstehen ist weit mehr als Lernen.« (Beck 2020b) Darum geht es im nächsten Kapitel.

Wenn Sie das Thema Lernen interessiert, finden Sie weitere, umfassende Informationen in meinem Buch »Lernen mit Hirn«.

> **Buchtipp für Wissenshungrige**
> Michael Kühl-Lenjer (2022): Lernen mit Hirn. BusinessVillage Verlag, Göttingen.

Was können Sie tun?

* Lernen Sie immer wieder! Lesen Sie ein Buch, wechseln Sie die Lernorte, informieren Sie sich über Ereignisse, Phänomene oder Dinge, mit denen Sie sich bislang nicht beschäftigt haben. Egal welches Medium Sie nutzen, notieren Sie sich schriftlich Ihre Gedanken!

* Verknüpfen Sie Wissen mit Bildern und Geschichten. Nehmen Sie das Beispiel oben: Notieren Sie Lebensdaten über Erich Kästner. Lesen Sie eines der Werke oder ziehen Sie Geschichten, Briefe, Erinnerungen oder Besprechungen über die Werke des Autors hinzu. Auf diese Weise wird der Lernstoff in verschiedenen Hirnbereichen gespeichert.

* Überfordern Sie Ihren Denkapparat nicht. Weniger ist mehr. Lernen Sie lieber in überschaubaren Häppchen statt zu viel auf einmal!

3.4 Lernen bedeutet verstehen

»Wer etwas gelernt hat, kann es auch verlernen. Wenn man aber etwas einmal verstanden hat, kann man es nicht entverstehen«.

Henning Beck (1983), Neurowissenschaftler*

Die allermeisten Wissensbrocken, die sich im Laufe unseres Lebens angehäuft haben, sind für uns eine Leerpackung. Wer dieses Wissen zum Leben erwecken möchte, muss die Dinge verstehen. Das klassische Lernen reicht nicht. Einerseits dauert es Minuten, Stunden oder sogar Tage, bis die Nervenzellen untereinander Kontakte ausgebaut haben. Andererseits, und das ist entscheidend, können wir auf diese Art nicht etwas Neues verstehen. Was schnell »gelernt« wird, kann auch schnell wieder vergessen werden. Nur wenn man gelernt hat, die Informationen anzuwenden oder in einen anderen Zusammenhang zu stellen, hat man die Chance, vieles davon zu behalten.

Wissensbrocken kann unser Gehirn kaum verwerten

Was haben wir nicht alles gelernt? Es waren meist Zahlen und Daten und Fakten aus vielen Bereichen. Häufig waren diese Sachverhalte so trocken wie Wüstensand. Wie im vorherigen Kapitel beschrieben, handelt es sich um totes Wissen, das ein kümmerliches Dasein in unserm Hirn fristet. Sofern faktenorientierte Wissensinhalte nicht unverzüglich entsorgt wurden, haben sie irgendwo im neuronalen Netzwerk einen Speicherplatz zugewiesen bekommen. Ich möchte betonen, dass die Zahlen, Daten und Fakten sehr wichtig sind, aber nur dann Sinn ergeben, wenn sie zum Verständnis eines Sachverhaltes beitragen. Haben wir alles, was wir lernen sollten, auch verstanden?

Verstehen wir beispielsweise den für unser Leben auf der Erde so entscheidenden Prozess der Fotosynthese? Ist Ihnen bekannt, was die Gen-Schere CRISPR/Cas genau ist? Haben Sie Einsteins Relativitätstheorie $E=mc^2$ verstanden? Ist Ihnen klar, warum eine Literaturepoche

Romantik genannt wird? Verstehen Sie, warum es blitzt und donnert? Möglicherweise haben Sie kein Interesse an diesen Themen, das ist völlig in Ordnung. Vielleicht berühren die Fragen Ihre Expertise und Ihnen sind die Erklärungen bekannt. Gratulation, Sie haben verstanden! Für die meisten von uns sind das Potemkin'sche Dörfer. Diese Redewendung haben Sie sicherlich schon gehört, wissen Sie, wie sie entstanden ist?

Verstehen heißt, Informationen neu zu verarbeiten

Wer etwas gelernt hat, kann das auch verlernen. Wenn man aber etwas verstanden hat, kann man es nicht »*entverstehen*«. Um Lernstoff zu verstehen, sollten die Inhalte aktiv erarbeitet, hinterfragt und das daraus gewonnene Wissen angewendet werden. Wer etwas verstanden hat, kann Dinge verändern, Ursache und Wirkung unterscheiden, Querverweise nutzen, Neues erschaffen und lebenslang verankern. Man kann Informationen, Daten, Fakten, Zeichen oder Symbole googeln, dann haben wir Wissen in unserem Kopf. Verstehen funktioniert nach dem Alles-oder-nichts-Prinzip. Erinnern Sie sich an das Laufenlernen von Kindern? Sie beginnen zu laufen, fallen oft hin, probieren es erneut aus, ändern die Art zu laufen und machen weiter. Irgendwann haben sie in praxi verstanden, wie es geht! Menschen verlernen das nie!

Um etwaigen Missverständnissen entgegenzuwirken: Um etwas verstehen zu können, müssen natürlich grundlegende Begrifflichkeiten und Zusammenhänge gelernt werden. Folgende Stufen gelten für das Lernen: Wissen (Fakten) verstehen und anwenden (Anwendungswissen). Didaktische Experten haben erkannt, dass diese Abfolge Teil der Taxonomie-Stufen nach Benjamin Bloom sind. Diese Stufen sind: Wissen, Verständnis, Anwendung, Analyse, Synthese und Evaluation. Jede Stufe baut auf der vorherigen auf und repräsentiert eine zunehmende Komplexität des Denkens. Diese Taxonomie-Stufen werden oft von Experten verwendet, um Lernziele zu formulieren und den Lernfortschritt zu bewerten.

Verstehen gelingt nur auf einem grundlegenden Wissensfundament!

Buchtipp für Wissenshungrige
Henning Beck (2020): Das Neue Lernen heißt verstehen. Ullstein Verlag, Berlin.

Das Denken in Kategorien und Typologien

»Beim Verstehensprozess«, so erklärt Henning Beck, »geht es im Grunde gar nicht darum, dass man sich viele Infos merken kann, sondern dass man Informationen neu verarbeitet.« (Beck 2020a)

Es kommt also nicht darauf an, was ich denke, sondern wie! Wie Henning Beck bei der zweiten Hamburger Rednernacht im Juni 2018 veranschaulichte, ist es nicht das Denken in Informationen, das zum Verständnis beiträgt, sondern das denken in Kategorien, welches das Verstehen ermöglicht. Der Neurowissenschaftler verdeutlicht diese Art zu Denken anhand eines Stuhls. Ein Computer benötigt Millionen von Informationseinheiten, um zu dem Schluss zu kommen: »Das ist eine viereckige Fläche mit Lehne und vier Beinen«. Ein Mensch weiß sofort: »Das ist eine Sitzgelegenheit«. Mit dem Denken in Kategorien können wir sämtliche Arten eines Stuhls, wie hier am Beispiel geklärt, in Windeseile erkennen. Wir sind damit in der Lage, Neues zu erfinden, Hergebrachtes zu verändern und innovative Perspektiven zu entwickeln. Das klingt gut, oder? Unser Gehirn ist allerdings keineswegs perfekt. Es arbeitet oft fehlerhaft, Fehler sind beim Start in eine veränderte Welt häufig und unser Denkapparat ist vorwiegend mit sich selbst beschäftigt. Aber Fehler sind Treibstoff für das Lernen. Beim Sprechenlernen und auch beim Lernen von Sprachen haben wir unzählige Fehler gemacht, erst mehrfache Korrekturen waren nötig, bis die korrekte Formulierung saß.

Musterbildung für ein besseres Verstehen

Der Hippocampus ist unter anderem als Zwischenspeicher aktiv mit dem Ziel, die neu eingetroffenen Informationen immer wieder abzuspielen. Die aufgenommenen Lernteile, die für den Hippocampus lernwürdig sind, werden immer wieder abgespult und letztlich als Aktivitätsmuster gespeichert. Auf diese Weise verfügt das Gehirn über ein Muster, damit entsprechende Reaktionen schneller ausgelöst werden können. So hat unser Denkapparat Neues gelernt und weniger Energie verbraucht.

Viele Menschen glauben, dass es beim Lernen darauf ankommt, möglichst viel Wissen in den Kopf zu bekommen. Das ist ein Irrtum! In unserem Oberstübchen werden nicht nur neuronale Verbindungen aufgebaut, sondern auch abgebaut. Das nennt man vergessen, eine Disziplin, in der Menschen Weltmeister sind, so die Ansicht von Henning Beck (2020a). Beim Lernen kommt es darauf an, ein Gleichgewicht zwischen einer stabilen Erinnerung und einem Vergessen herzustellen. Musterbildung hilft, Gedächtnisinhalte zu stabilisieren und Energie zu sparen.

Heute sind die Neurowissenschaftler in der Lage, mithilfe von bildgebenden Verfahren neuronale Aktivitäten sichtbar zu machen und somit die Arbeitsweise unseres Oberstübchens zu ergründen. Das können wir auf vielfältige Weise beim Lernen nutzen. Der Sinn unseres Gedächtnisses besteht vor allem darin, aktuell gute Entscheidungen für die Zukunft zu treffen. Und das gelingt uns nur, wenn wir die Welt um uns herum verstehen. So funktioniert auch lebenslanges Lernen!

Was können Sie tun?

* Halten Sie die Menge der Wissenshäppchen gering.
* Wollen Sie einen Sachverhalt verstehen, betrachten Sie ihn aus verschiedenen Perspektiven. Hinterfragen Sie die Informationen, gewichten und ändern Sie sie, bis etwas Neues entsteht.
* Informieren Sie sich über einen Sachverhalt durch Texte, durch Videos, zum Beispiel auf YouTube, oder nutzen Sie weitere Medien. Methoden- und Medienwechsel unterstützen das Verstehen.
* Bleiben Sie geduldig. Unser Denkapparat beziehungsweise die Nervenfasern brauchen Zeit, um den Lernprozess durch Verknüpfungen aufzubauen.
* Lernen ist nicht einfach und Verstehen gelingt nicht auf Knopfdruck. Unterbrechen Sie den Lernvorgang mit medienfreien Pausen et cetera. In der Zeit werden Synapsen aufgebaut und Speicherkapazitäten »freigeschaufelt«.
* Wenn Sie das Thema Lernen interessiert, finden Sie weitere umfassende Informationen in meinem Buch »Lernen mit Hirn – Neurodidaktische Impulse für eine gehirngerechte Aus- und Fortbildung«.

3.5 Digitales Lernen: Erkenntnisse nach dem ersten Hype

»Wissen ist analog und bleibt ein Fels in der Brandung digitaler Verwahrlosung.«

Matthias Horx (1955), Zukunftsforscher*

Wir können im Netz Fakten finden, wir können eine Sprache übersetzen, wir können problemlos von einem zum anderen Ort navigieren, wir entdecken im Netz Sinnvolles, Lehrreiches, Merkwürdiges oder wirres Zeug und haben durch elektronische Systeme umfassende Kontaktmöglichkeiten. Wir finden im Netz nahezu das komplette Inventar des menschlichen Daseins. Alles ist zu jeder Zeit für jeden Nutzer zugänglich.

Der Segen hat allerdings auch eine Kehrseite. Die Menge an Informationen führt zu einer unüberschaubaren Flut von Reizen. Egal, womit wir uns beschäftigen, eine Ablenkung ist nur einen Klick weit entfernt. Wir fühlen uns oft überfordert, verirren uns im Wust an Informationen und merken, dass kaum etwas im Gedächtnis hängen bleibt. Wir lernen also nichts! Womit wir beim Thema wären.

Das Thema »digitales Lernen« ist allgegenwärtig. Es taucht in Büchern, Artikeln, in Zeitschriften, in TV-Beiträgen und natürlich im Netz selbst auf. Diese Veröffentlichungen buhlen um die Aufmerksamkeit von Menschen, die sich für Lehren und Lernen interessieren, und suggerieren, dass es »digitales Lernen« gibt.

Und das ist ein kolossaler Irrtum oder, milder ausgedrückt, ein Missverständnis.

Es steckt noch viel Steinzeit in uns

Doch zunächst einmal der Reihe nach. Im Verlauf der Evolution ist unser Gehirn auf eine Größe von etwa eintausendvierhundert Gramm gewachsen. Der Mensch lernte die Vorzüge des Lebens in Gemeinschaften kennen, vollbrachte beachtenswerte kulturelle Leistungen, lernte fliegen und Auto fahren. Er entwickelte die Sprache. Sie war so etwas wie das »Katapult in die moderne Welt«, so der Neurowissenschaftler Lutz Jähncke (2021). Sprache und später auch die Schriftsprache waren die Treiber für eine neue Entwicklungsstufe der Menschheit. Das Verhaltensrepertoire unserer Spezies ist dadurch enorm erweitert worden.

Unser Gehirn besteht in seiner jetzigen Entwicklungsstufe seit etwa sechzigtausend Jahren. Es hat viele vorwärtstreibende Innovationen hervorgebracht und dem Homo sapiens eine nie zuvor dagewesene Entwicklung beschert. Inzwischen befindet sich der Mensch am Ende der Nahrungskette.

Zwar hat sich unsere Spezies von ihren ursprünglichen biologischen Fähigkeiten im Laufe der Evolution weit entfernt, doch eines ist geblieben, das Hirn ist ein analoges Organ. Analoges Arbeiten und analoge Erfahrungen sind für Körper und Gehirn überlebenswichtig.

Seit etwa dreißig Jahren sind Menschen mit einer digitalen Welt konfrontiert, auf die sie nicht vorbereitet sein konnten. Während die Evolution zuvor in einem langen, eher trägen Prozess verlief, ist die technische Entwicklung der letzten Jahrzehnte, und nicht nur die Digitalisierung, sprungartig erfolgt. Im Zeithorizont der Evolution ist das nicht einmal ein Wimpernschlag.

Kurz gesagt: Der Mensch ist heute noch immer mit grundlegenden Verhaltensmustern ausgestattet, die ein Zusammenleben in Gruppen, wie es für die Steinzeit typisch gewesen ist, erleichtern. Also eher kleine überschaubare Ansammlungen von wenigen Dutzend Menschen und eine Kommunikation von Angesicht zu Angesicht. Das hat Auswirkungen auch auf das Lernen. Wir sind gemacht für das Lernen voneinander. Nicht einmal an den Frontalunterricht in Schulen ist unser Gehirn angepasst.

Wenn wir digital oder mit digitalen Medien lernen wollen, sollten wir uns fragen, wie ein digitales Lernszenario aussehen muss, damit es für ein steinzeitgeprägtes Gehirn, wie wir es nun einmal haben, unterstützend wirkt? Wie lernt also unser analoges Gehirn? Die einfachste Antwort lautet: so wie seit ewigen Zeiten.

Gehirne machen keinen Download

Jeder Lernprozess unseres Gehirns ist kein Schnellschuss, sondern ein längerer Prozess. Über die fünf Sinne gelangen die Impulse ins Gehirn. Dort erhalten sie eine emotionale Färbung und werden zu einem »stimmigen« Gesamtbild geformt. Verschiedene Areale »entscheiden«, was weiter geschieht. Löschen, verändern, speichern? Was das Prädikat »nützlich und wertvoll« erhält, wird dauerhaft gespeichert. Eine Konsolidierung der Impulse und damit eine dauerhafte Speicherung erfolgt im Schlaf. Erst wenn der Lernstoff bei Bedarf erneut aufgerufen wird, ist der Lernprozess beendet. Bis zum nächsten Impuls, der wiederum die neuronale Netzkonfiguration verändert. Was benutzt wird, verstärkt sich, was unbenutzt bleibt, wird schwächer. Die »Hardware« Gehirn ist durch die »Software« (sämtliche geistige Aktivitäten) einem permanenten Umbau ausgesetzt. Man nennt das Neuroplastizität.

Wie die Gehirnforschung zeigt, hinterlässt jede geistige Aktivität Spuren im Hirn, genauer in den Nervenzellen, von denen wir etwa sechsundachtzig Milliarden besitzen. Die Nervenzellen verknüpfen sich miteinander und dienen der Informationsverarbeitung. Eine Nervenzelle bildet etwa tausend synaptische Kontakte aus und empfängt durchschnittlich etwa zehntausend Verbindungen.

Jede geistige Aktivität verändert die neuronalen Verbindungen. Wir nennen das Lernen. Diese Vorgänge laufen grundsätzlich bei jedem Lernprozess ab. Egal, was gelernt wird.

Für das Gehirn gibt es keine Downloads.

Wir lernen analog

Wir erkennen demnach, dass wir zwar problemlos digitale Informationen aufnehmen können, so wie es auch bei gedruckten Büchern geschieht, aber damit ist der Lernprozess noch nicht abgeschlossen. Lernen entsteht erst, wenn sich neue Verbindungen auf neuronaler Ebene einstellen und über wiederholten Aufruf verfestigt werden. Was verstehen daher viele Lernende, Pädagogen und Bildungsexperten unter »Digitalisierung des Unterrichts«? Es herrscht ein diffuses Verständnis, was eigentlich gemeint ist. Mit Digitalisierung des Lernens ist nicht das Lernen an sich, sondern die Verwendung von digitalen Medien im Unterricht gemeint. Diese kleine, aber sehr wichtige Unterscheidung wurde vielerorts nicht gemacht. Der Leitmedienwechsel vom Buch zum Computer ist oft herausfordernd. In ersten Gehversuchen ging und geht es oft mehr um den Einsatz von digitalen Medien als um die Frage, wie diese Medien das Lernen tatsächlich unterstützen. Neue Untersuchungen ergeben, dass ein Großteil der Lehrkräfte heute bereits digitale Medien benutzt.

Doch wie wirkt sich der Einsatz digitaler Medien auf die Lernleistung aus?

Konkrete Studien, die den Lerneffekt durch digitale Medien im Unterricht untersuchten, gibt es wenige und die wenigen sind ernüchternd. Eine Untersuchung an einer US-Militärakademie sowie Studien an einigen Universitäten ergaben, dass der Einsatz beispielsweise von Laptops die Lernleistungen verschlechtert.

Woran liegt das? Informationen, die wir am Bildschirm lesen, nehmen wir anders wahr als in gedruckter Form. Die räumliche und zeitliche Orientierung der Inhalte gerät bei digitalen Medien eher durcheinander als beim Lesen eines gedruckten Buches. Auch wenn wir glauben, nur Sätze zu lesen, so nehmen wir auch wahr, ob diese eher vorne oder hinten in einem Buch stehen. Wir blättern mit der Hand aktiv die Seiten und bekommen so viel mehr Sinneseindrücke von unserem Tun als beim Blick auf einen Bildschirm. Offensichtlich ein Unterschied von großer Tragweite.

»Wer ein Buch in der Hand hält«, schreibt Martin Korte, »registriert ein bestimmtes Gewicht, eine bestimmte Form, eine für ein bestimmtes Buch spezifische Materialoberfläche wie die Glätte des Papiers, die Dicke des Umschlages, die Schrifttype. All das erlaubt eine individualisierte Beziehung zum gelesenen Text und damit eine privilegierte Erinnerung. Auf einem Flachbildschirm fehlt diese Verkörperlichung des Denkens und Lesens.« (Korte 2023c)

Wie können digitale Inhalte zum Lernen genutzt werden?

Wir dürfen Lerninhalte nicht mit Lernwerkzeugen verwechseln. Das Lernen mit digitalen Medien ist nicht gut oder schlecht. Es muss nur die Frage beantwortet werden, wo welches Lernwerkzeug am besten unterstützt. Ein Video auf YouTube kann einen Sachverhalt möglicherweise besser vermitteln als ein Buchtext. Dann unterstützt das Digitale. Entscheidender ist aber die aktive eigene geistige Auseinandersetzung mit Inhalten. Das Gehirn merkt sich Lerninhalte, wenn es sie selbst aktiv erarbeiten kann, am besten. Wenn wir einen Text abschreiben und beim Schreiben die Feinmotorik der Hand einsetzen, dann ist das eine höhere Aktivität als Lesen. Es ist auch eine höhere Aktivität als ein Video anzuschauen. Wenn wir einen Text nicht nur abschreiben, sondern selbst verfassen, ist das auch wieder etwas mehr.

Die »Digitalisierung des Lernens« wird uns noch lange beschäftigen, aber anders, als mancher denkt. »Wir neigen dazu«, so die Einschätzung des Wissenschaftlers Roy Amara (siehe auch »Amaras Gesetz«), »die kurzfristige Wirkung einer Technologie zu überschätzen und die langfristige Wirkung zu unterschätzen« (t2informatik 2024). Wie Gehirne seit Tausenden von Jahren arbeiten, lässt sich nicht durch digitale Tools verändern. Schon heute wird in manchen Ländern wie Norwegen oder Schweden das digitale Lernen wieder reduziert. »Ein gut eingesetztes Schulbuch«, so der Neurowissenschaftler Henning Beck, »bringt mehr als eine durchschnittliche Lern-App« (Beck 2020c).

Es gilt hier zwei Phänomene abzugrenzen. Wenn Lernende die Verwendung digitaler Tools motiviert, sich mit einer Sache zu beschäftigen, dann hat das einen positiven Effekt. Die eigentliche Kernfrage ist aber, wie gut das digitale Angebot aktiviert. Fördert es die Auseinandersetzung mit dem Lernstoff? Im Silicon Valley, wo die Digitalisierung der Schulen maßgeblich entwickelt wurde, werden die Kinder von Bill Gates, Steve Jobs und anderen heute wieder auf vollständig analoge Schulen geschickt …

Was können Sie tun?

* Digitale Technik sollten Sie nur zum Wissenserwerb einsetzen, egal ob Sie lehren oder lernen!
* Notieren Sie die wichtigsten Aspekte beim Wissenserwerb handschriftlich. Auf diese Weise bleibt deutlich mehr hängen!
* Nutzen Sie zusätzlich auch klassische Lernformen: Wiederholen Sie zum Beispiel wichtige Wissensbereiche!
* Empfehlenswert ist, wenn Sie neben dem elektronischen Medium auch eine analoge Ergänzung, etwa ein Buch, für Ihren Lernprozess einsetzen. Auch analoge Informationen aus einem vergleichbaren Wissensbereich fördern die Lernwirksamkeit.

4

Pausen und andere Beschleuniger der Neuroplastizität

»Das Gehirn wird so, wie man es benutzt.«

*Gerald Hüther (*1951), Neurobiologe*

4.1 Die unterschätzte Kraft der Pause

»Ziehe dich ab und an von dem zurück, womit du dich beschäftigst.«

Bernhard von Clairvaux (1090–1153), mittelalterlicher Abt

Auf die Frage, wann man die besten Ideen hat, antworten die meisten Menschen: beim Joggen, beim Duschen, beim Autofahren. Also in einem Zustand, der mit Ideenfindung zunächst einmal nichts zu tun hat.

Nun ein kleines Experiment: Schließen Sie bitte Ihre Augen und versuchen Sie, an nichts zu denken. Nein, nicht an etwas denken, sondern an nichts! Hat es geklappt? Ich vermute, es ist nicht gelungen. An gar nichts zu denken, ist sehr schwer, oder besser: es ist unmöglich. Ständig geistern Gedanken durch unseren Kopf wie »Ich wollte noch eine Einkaufsliste schreiben«, »Warum hat die Nachbarin mich nicht gegrüßt?«, »Was meinte Herr Schmidt gestern, als er mir sagte, er fände meinen Vorschlag gut?« oder »Ich hatte mir vorgenommen, noch das letzte Kapitel des Buches zu lesen, ständig werde ich abgelenkt«. Endlos spinnt sich der Faden durch das Gewirr der Assoziationen. Auch eine Badewanne ist ein beliebter Ort, Ideen zu entwickeln. Wir liegen entspannt im warmen Badewasser und lassen die Gedanken plätschern. Wie Archimedes, dem sich beim Baden das Verhältnis von Volumen und Verdrängung offenbarte. Oder wie Isaac Newton, der im Sommer 1665 in seinem Garten dahin döste, als sich ein Apfel vom Baum löste und senkrecht zur Erde fiel. Der Wissenschaftler zog daraus den Schluss, dass die Erde offenbar eine Anziehungskraft besitzt. Newton hat das allgemeine Gravitationsgesetz gefunden.

Was tut das Gehirn, wenn es nichts tut?

Unser Gehirn ruht nie, einen Pausenmodus kennt unser Denkorgan nicht. Psychologen schätzen, dass wir etwa fünfzig Prozent unserer wachen Zeit mit Tagträumen verbringen. Was tut das Gehirn, wenn wir nichts tun?

Der US-amerikanische Radiologe Marcus E. Raichle von der Washingtoner Universität in St. Louis stieß 2001 auf ein sonderbares Phänomen. In einer Untersuchung schob der Wissenschaftler Probanden in einen Hirnscanner und gab die Anweisung, den Geist ruhen zu lassen. Wer scheinbar untätig an nichts denkt und dessen Gehirn demnach untätig ist, aktiviert ein Netzwerk von Arealen, das »default mode network« (DMN) oder Ruhemodusnetzwerk genannt wird. Dieses Netzwerk besteht aus neuronalen Schaltstellen, die während des Tagträumens verstärkt aktiv sind. Der Umfang des Netzwerkes, das aus Regionen besteht, die weiträumig voneinander entfernt im Gehirn verteilt sind, beeinflusst unter anderem, wie kreativ eine Person ist und wie weit sie die Perspektive anderer einnehmen kann.

Wie Untersuchungen zum Ruhenetzwerk gezeigt haben, legt das Gehirn immer wieder einmal Aktivitätspausen und Mußezeiten ein, die bevorzugt in Gang gesetzt werden, wenn keine gerichtete Aufmerksamkeit besteht. Tagtraumforscher haben herausgefunden, dass unsere Gedanken bevorzugt beim Bearbeiten langweiliger Aufgaben, die keine besondere Aufmerksamkeit erfordern, auf Wanderschaft gehen. Jeder kennt das: bei monotonen oder routinemäßigen Tätigkeiten, die wir ohne besondere Konzentration erledigen können, gehen die Gedanken eigene Wege. Wir können uns leicht von äußeren Reizen lösen und uns jenen Erinnerungen oder Emotionen zuwenden, die spontan durch den Kopf gehen und einen Sturzbach mentaler Bilder auslösen.

Mentale Auszeiten für neue Ideen und Pläne

Viele Menschen verspüren beim geistigen Verreisen ein gewisses Unbehagen, weil sie sich darüber ärgern, Zeit verschwendet und »nichts Vernünftiges« getan und zu haben. Neurowissenschaftler betonen allerdings, dass die mentalen Auszeiten bestens geeignet sind, neue Ideen aufzuspüren, Pläne zu schmieden oder Gegenstände auf ungewohnte Weise zu nutzen. In zahlreichen Studien konnte die Aktivität dieses Tagtraummodus in Zusammenhang mit Kreativität, Problemlösungen, intuitiven Erkenntnissen und spontanen Einfällen gebracht werden. Die Neurowissenschaftler haben demnach auch hier etwas entdeckt, das wir schon seit Langem in unserem Alltagsgeschehen erlebt haben und kennen. Wir sitzen am Schreibtisch, wälzen vergeblich mehrere Alternativen einer Problemlösung im Geiste hin und her und gehen entnervt erst einmal joggen. Kaum haben wir die Routine beim Arbeiten verlassen, ploppt jene zündende Idee auf, nach der wir bislang vergebens gesucht hatten. Rhythmische Bewegungen wie zum Beispiel das Joggen erleichtern dem Gehirn, zwischen zwei Arbeitsmodi zu wechseln, von der Konzentration auf ein Detail zu einem Weiten des Blickwinkels. Nicht nur Erwachsene, vor allem auch Kinder benötigen mentale Auszeiten. Nur nennt man das geistige Verreisen bei Kindern Langeweile.

Kinder brauchen Langeweile

Wer kennt das nicht, wenn Kinder jammern: »Mir ist langweilig!« So ein Satz ist bei Jugendlichen heute selten, denn in unserer digitalen Welt wird gescrollt und weggewischt, bis Interessantes gefunden ist. Doch Langeweile, so hat die klinische Psychologin Stephanie Lee festgestellt, »ist das Fundament, auf dem Kinder und Jugendliche ihre eigenen Ideen entwickeln«. Ein Mangel an Langeweile, so die Wissenschaftlerin, ersticke die Kreativität und Selbstverwirklichung. Die umfassende Nutzung sozialer Netzwerke und von Smartphones führe zu schlechteren schulischen Leistungen, reduzierter Konzentration und Kreativität. Gelangweilte Kinder seien bessere Problemlöser. Doch wir erlauben unseren Gedanken nicht, umherzuwandern und kreative Lösungen für unsere Langeweile zu finden.

Der permanente Medienkonsum bei Kindern und Jugendlichen führt zwar zu einer schnellen Ausschüttung des Glückshormons Dopamin, sorgt aber nur für eine flüchtige Befriedigung. Auf Dauer führt das Überwinden der Langeweile durch Nutzung digitaler Medien zu gesundheitlichen Schäden und einem verminderten Selbstvertrauen und Selbstwertgefühl.

Weitere Studien belegen, dass eine bessere Problemlösungskompetenz in Verbindung mit größerer Widerstandsfähigkeit gebracht werden kann. Langeweile stärkt demnach die Resilienz.

Das Gehirn ist vorwiegend mit sich selbst beschäftigt

Warum beginnt unser Gehirn genau dann zu arbeiten, wenn wir nicht zielgerichtet denken? Weil wir intensiv damit beschäftigt sind, die durch unsere fünf Sinne eintreffenden Reize zu verarbeiten, wir haben also alle Hände oder besser alle Synapsen voll zu tun, die Eindrücke einzuordnen, zu speichern, zu verwerfen. Wenn wir die Gedanken treiben lassen und das Gehirn nicht durch Umweltreize beansprucht wird, entsteht Platz, um das, was in unserem Hirn ungeordnet herumschwirrt, zu sortieren. Wie der Neurowissenschaftler Gerhard Roth einmal beschreibt, ist das Gehirn überwiegend mit sich selbst beschäftigt. Im visuellen System werden nur etwa zehn Prozent der Aktivität der Retina zugeschrieben, der Rest entfällt auf die interne Verarbeitung. Das Ruhenetzwerk bildet augenscheinlich den inneren Zustand des Gehirns ab. Und dieser Zustand geschieht ohne unser bewusstes Zutun und ist nicht steuerbar. Entspanntes Tagträumen, richtungsloses Umherspinnen und zielloses Sinnieren erreichen wir nur, wenn wir uns vom Primat der hundertprozentigen Produktivität auch einmal verabschieden und die dauerhafte Betriebsamkeit infrage stellen, die uns oft daran hindert, neue Wege zu beschreiten.

Sie können sich bewusste Auszeiten gönnen und das Rampenlicht Ihrer Aufmerksamkeit herunterdimmen. Gucken Sie wie abwesend in die Luft, aus dem Fenster oder sonst wohin. Lassen Sie Ihren Gedanken freien Lauf, im doppelten Sinne. Gehen Sie laufen oder joggen und lassen Sie sich von Ihren Assoziationen treiben. Diese Erkenntnis ist als Redewendung seit Langem bekannt: In der Ruhe liegt die Kraft!

Wichtig ist, eine Balance zwischen Gedankenwandern und gerichteter Aufmerksamkeit zu erreichen.

Was können Sie tun?

* Jede Beschäftigung braucht Unterbrechungen. Aktivieren Sie Ihr Ruhemodusnetzwerk, indem Sie gedankenlos aus dem Fenster oder sonst wohin schauen.
* Unterbrechen Sie Ihre Tätigkeit: Gehen Sie joggen, laufen oder draußen spazieren.
* Verzichten Sie bei Pausen unbedingt auf elektronische Medien!
* Wenn Sie am Schreibtisch vergeblich eine Lösung für ein Problem suchen, unterbrechen Sie Ihre Arbeit und unternehmen Sie eine rhythmische Tätigkeit, zum Beispiel Joggen, Gehen, Fahrradfahren. Währenddessen arbeitet Ihr Gehirn an der Frage weiter und bietet Ihnen eine Lösung an.
* Wenn Kinder Ihnen vorjammern, ihnen sei langweilig, dann lassen Sie es zu und verzichten Sie darauf, dem Nachwuchs Vorschläge gegen Langeweile zu unterbreiten, Smartphones sind in dieser Situation besonders tabu!

4.2 Neugierde – der zu wenig beachtete Treiber für Lernende

»Es gibt für mich nur eine Qualität, die mich weiterbringt, und das ist die Neugier.«

*Daniel Barenboim (*1942),*
argentinisch-israelischer Pianist und Dirigent

Alle Menschen kommen neugierig zur Welt. Kinder erkunden ihre Umwelt, sind lern- und wissbegierig und hungrig nach Neuem. Kinder spielen leidenschaftlich gerne. Sie wiederholen Bekanntes, ahmen es nach und erfinden Neues. Kinder sind gleichermaßen fasziniert von vertrauten und ungewöhnlichen Dingen. Das eine ist bekannt und gefahrlos und verleiht Sicherheit und Halt. Das andere, das unbekannte Neue, befriedigt das unbändige Verlangen nach Wissen. Zum Entdecken oder Spielen müssen wir Kinder nicht motivieren. Spielen ist wie alle kreativen Aktivitäten »intrinsische Lust, reines Vergnügen« (Sacks 2017).

Neugier ist stammesgeschichtlich betrachtet tief in unserem Leben verwurzelt. Das Verlangen, etwas Neues kennenzulernen, war immer die Triebfeder für außergewöhnliche Leistungen und ist eine besondere Voraussetzung für geistige Schaffenskraft. Neugier ist Wissensdurst gepaart mit der Bereitschaft, Neues zu entdecken, sich bewusst ungewohnten Situationen auszusetzen und seine Denkweise in eine andere Richtung zu lenken. Neugier ist die Grundvoraussetzung für Entdeckungen.

Neugierige sind keine Schnüffler, die in den dunklen Ecken ihrer Mitmenschen stöbern, sondern Menschen, die gerne tüfteln, wissensdurstig sind und ausgetrampelte Denkpfade verlassen.

In jedem von uns steckt schöpferisches Potenzial

Wer aktiv nach einer Lösung sucht, ist neugierig. Deshalb sind Tutorials so beliebt, nicht weil sie Wissen vermitteln, sondern weil man nach der Lösung eines Problems sucht. Man erzeugt Neugier, indem man Informationen zurückhält und ein Geheimnis schafft. Im Marketing gehört es zu den wichtigsten Grundprinzipien, Informationen zurückzuhalten: Im September kommt das nächste große Ding! Seien Sie gespannt!

In jedem von uns steckt ein schöpferisches Potenzial. Eine große Portion an Neugier ist der Wegbereiter für Kreativität. Heutzutage wollen alle kreativ sein. Viele müssen es sogar, denn Fachwissen reicht nicht aus, um im Beruf zu bestehen. Von daher erwarten zahlreiche Unternehmen, dass Bewerber auch Einfallsreichtum, Kreativität und Schöpfergeist mitbringen.

Kreativität auf Knopfdruck? Gibt es nicht. Eine Faustregel für Geistesblitze? Existiert nicht. Den idealen Weg zu mehr kreativen Ideen? Kennt niemand.

Wir haben jedoch erlebt, dass in Phasen des gehetzten, routinierten und effizienzgetriebenen Arbeitens nicht unbedingt neue Ideen sprießen. Wir benötigen Muße und Tagträume, um auf neue Geistesblitze zu kommen. Das Ruhenetzwerk unseres Gehirns ist ein Zustand hoher Kreativität. Tagträume erleichtern kreatives Assoziieren und unterstützen uns, originelle Ideen zu entwickeln. Wenn ich in meinen Seminaren danach frage, wann die besten Ideen sprudeln, antworten viele: beim Duschen, beim Joggen und wenn wir einem Tagtraum nachhängen. Eine gute geistige Idee ist, wenn sie eine Lösung darstellt oder etwas verändert!

Druck und Stress töten Kreativität

Stellen Sie sich einmal vor, Sie sitzen entspannt an Ihrem Schreibtisch oder auf der Couch und sollen innerhalb von drei Minuten etwas völlig Neues zu einem Thema finden. Das wird nicht funktionieren, denn es ist völlig unmöglich, unter Zeitdruck etwas Neues zu kreieren. Kreativität entsteht nicht im Auf-die-Plätze-fertig-los-Modus. Unter Druck scheint unser Ideenspeicher seine Schätze nicht preisgeben zu können. Stress steht der Kreativität häufig im Weg, wir fühlen uns bedrängt. Von Federico Fellini stammt der Satz: »Kreativität ist Intelligenz, die Spaß hat.« Und Stress und Druck bereiten keinen Spaß. Die Amygdala (Gefahrenriecher) springt bei negativen

Emotionen an, das Stress-System des Körpers wird eingeschaltet und sorgt dafür, dass Unmengen Cortisol in den Blutkreislauf gelangen. Dieses Hormon signalisiert: »Achtung, Gefahr droht!« und versetzt den Organismus in einen Kampf- oder Fluchtzustand. Dass in dieser Situation der schöpferische Funke nicht zündet, ist nicht verwunderlich. Umgekehrt wird Kreativität gedrosselt, wenn wir etwa dreißig Minuten lang Geistesblitze entwickeln sollen. Kein Ideenfluss hält so lange an.

Der mentale Wiederkäuer in uns behindert geistige Offenheit

Natürlich können wir nicht unentwegt kreativ sein. Um unseren Alltag zu bewältigen, greifen wir zurück auf Routine, Angewohnheiten und gelernte Abläufe. Das spart eine Menge Energie. Wenn wir gestresst sind, betätigen wir uns als mentale Wiederkäuer, wir wälzen immer wieder die gleichen Gedanken und können uns schwer auf etwas Neues einstellen.

Sollten Ihnen einmal partout keine passenden Geistesblitze einfallen, hat es keinen Sinn, eine Lösung zu erzwingen. Arbeiten Sie an einer anderen Aufgabe oder machen Sie in der Mittagspause einen Spaziergang im Park. Um die geistige Schaffenskraft in Schwung zu bringen, könnten auch sportliche Aktivitäten geeignet sein. Studien haben gezeigt, dass Laufen unserer Kreativität Beine macht. Machen Sie es, wie Theodor Fontane schrieb: »Ruhe, Stille, Sofa und eine Tasse Tee geht über alles.«

Geistesblitze und sprudelnde Ideen sind der wichtigste Faktor für ökonomischen Erfolg – das jedenfalls ist, so das Ergebnis einer IBM-Studie, die Einschätzung von tausendfünfhundert Firmenchefs aus sechzig Ländern. Unternehmen, die nicht innovativ sind, verspielen ihre Zukunft. Kreative Leistungen und zündende Ideen zeigen insbesondere jene Menschen, die auf einen umfassenden, auch gegensätzlichen Erfahrungsschatz blicken und von daher auf Alternativen bei der Bewältigung von Herausforderungen gepolt sind.

Kreativität, also die Fähigkeit, Probleme durch schöpferische Ansätze zu lösen, ist in jedem Gehirn angelegt. Unsere Persönlichkeit ist das Ergebnis aus genetischer Veranlagung, vorgeburtlicher und frühkindlicher Prägung und die Summe unserer Erlebnisse und Erfahrungen. Es gibt keine Hinweise auf genetische Dispositionen für Kreativität.

Mit Denkmustern brechen

»Die Fähigkeit, neue Ideen zu entwickeln [...], ist eine Frage der Haltung und ob man Menschen ermutigt, die Dinge aktiv zu hinterfragen. Leider machen wir heute häufig das Gegenteil. Wir fordern, dass Menschen fehlerfrei und akkurat denken, und unterschätzen dabei, dass Kreativität immer darauf aufbaut, dass man mit Denkmustern bricht oder Denkschemata ungewohnt kombiniert. Das ist unbequem, aber der einzige Weg, um wirklich gute Ideen zu entwickeln« (Kühl-Lenjer 2022c: 135). Konvergentes Denken kommt zwar dem menschlichen Grundbedürfnis nach Kontrolle, Ordnung und Orientierung entgegen, fördert jedoch auch Schwarz-Weiß-Denken. Mit Mustern zu brechen ist bestens dafür geeignet, neue Ideen zu finden. Musterbrecher sind keineswegs gegen alles, wie man ihnen in manchen Unternehmen vorwirft. Menschen kommen auf die Welt, ohne ein einziges Muster im Kopf zu haben. Deshalb können Menschen auch nahezu überall aufwachsen. Nach vielen Lebensjahren ist der Schädel allerdings mit unzähligen Mustern gefüllt.

Buchtipp für Wissenshungrige

Ulrich Wickert (2012): Neugier und Übermut. Von Menschen, die ich traf. Hoffmann und Campe, Hamburg.

Der Neurobiologe Gerald Hüther definiert Kreativität als Fähigkeit, in dem vorhandenen Wissenspool plötzlich Lösungen zu finden, wie sich Dinge auf zuvor für unmöglich gehaltene Weise verbinden. Damit dies gelingt, ist es notwendig, dem Gehirn freien Lauf zu lassen. Die Lust, Neues zu schaffen, kann sich nur entfalten, wenn sie nicht durch Normen und Richtlinien eingeschränkt. Der ehemalige Ministerpräsident von NRW Jürgen Rüttgers sagte einmal: »Bill Gates wäre in Deutschland allein deshalb gescheitert, weil nach der Baunutzungsordnung in einer Garage keine Fenster sein dürfen.« (gutezitate.com)

Die Meinung, Kreativität hat man oder eben nicht, ist falsch. Kreativität kann man lernen. Neugier und Kreativität der Mitarbeiter zu fördern, ist eine Führungsqualität, die eine richtungsweisende Grundlage für eine erfolgreiche Zukunft legt.

Neugier und Wissensdurst aktivieren das Belohnungszentrum

Der US-Neurowissenschaftler Kirk R. Daffner machte in den Neunzigerjahren einen ungewöhnlichen Test. Einer Gruppe von Rentnern zeigte er merkwürdige Zeichnungen von Tieren. Die einen waren neugierig, was die Gebilde darstellen sollten, andere interessierte sich nicht dafür. Wie der Studienleiter feststellte, waren diejenigen, die sich gleichgültig zeigten, an Demenz erkrankt. Es dürfte wenig überraschen, dass demente Patienten eine geringere Aufmerksamkeit der Welt gegenüber aufbringen. »Aber könnte der Zusammenhang auch umgekehrt gelten?«, fragte der Wissenschaftler. »Könnte es also sein, dass nicht einfach die Erkrankung die Patienten hat gleichgültig werden lassen, sondern dass sie vielmehr auch deshalb dement wurden, weil ihnen irgendwann in ihrem Leben – viele Jahre vor dem Ausbruch des Hirnleidens – die Neugier abhandenkam?« (GEO kompakt 2015)

Wollen wir etwas wissen, wird das Belohnungszentrum im Gehirn aktiviert. Und wenn wir etwas Neues gelernt haben, werden wir mit einem Glücksgefühl belohnt. Das wiederum hält jung! Sprudelnde Kreativität und geniale Ideen entstehen also nicht in einem Superhirn, sondern sind das Resultat einer gehirngerechten, für Neues offenen Grundhaltung inklusive einer gehörigen Portion Neugier.

Was können Sie tun?

* Falls Sie meinen, Sie seien weder neugierig noch kreativ, verabschieden Sie sich von dieser Einschränkung! Vergleichen Sie sich mit sich selbst statt mit anderen! Blicken Sie auf Ihre eigenen Lernkurven. Machen Sie kleine Übungen: Kochen Sie sich eine Mahlzeit mit von Ihnen zusammengestellten Zutaten. Fehlt eine Zutat? Dann überlegen Sie sich eine Alternative! Sie wollen eine Präsentation vorführen? Die Technik spielt nicht mit. Überlegen Sie, wie Sie Ihre Kernbotschaften anders präsentieren können.
* Überprüfen Sie eingefahrene Denkmuster und arbeiten Sie bewusst dagegen. In welchen Situationen reagieren Sie immer wieder »automatisch«, welche Handlungen passen nicht mehr in die Zeit?
* Haben Sie Wenn-dann-Regeln? Wenn etwas Bestimmtes passiert, dann reagiere ich immer gleich. Hinterfragen Sie diese Reaktionen und ändern Sie sie, wenn es sinnvoll erscheint.
* Versuchen Sie nicht, unter Druck in hektischen Momenten und mal »zwischendurch« etwas Neues auszuprobieren oder kreativ zu sein.
* Bleiben Sie neugierig und zeigen Sie ernsthaftes Interesse an Ihrem Gesprächspartner! Fragen Sie Menschen in Ihrer Umgebung, was sie tun. Drücken Sie Interesse an der Person aus. Verzichten Sie darauf, den Eindruck zu erwecken, dass Sie Schnüffler sind, vermeiden Sie geschlossene Fragen. Halten Sie Blickkontakt.
* Geistesblitze kann man nicht erzwingen, das Gehirn benötigt hierfür das Ruhenetzwerk. Aktivieren Sie Ihr Ruhenetzwerk, indem Sie nichts tun, in Tagträumen aufgehen und Ihre Gedanken fliegen lassen.

4.3 Leistungsturbo »Handy aus«: digitale Reizreduktion für neue Denkräume

»Je mehr wir unsere Kommunikationswege perfektionieren, desto weniger kommunizieren wir.«

John Boynton Priestley (1894 – 1984), englischer Schriftsteller,

»Handy aus – Gehirn an!« So lautet der Titel einer Paderborner Studie zur Auswirkung von Smartphones auf die Aufmerksamkeit. Verblüffendes Ergebnis: Das Handy lenkt uns ab, und zwar auch dann, wenn es ausgeschaltet in Sichtweite liegt. Eine fortdauernde Präsenz des Smartphones beeinflusst die kognitiven Leistungen. Nutzer und Nutzerinnen arbeiten dann langsamer und unkonzentrierter. Offenbar, so der Leiter der Studie Sven Lindberg, existiert eine übergeordnete Instanz, die den Drang, das Handy unverzüglich anzuschalten, unterdrückt. Und das vermindert die Aufmerksamkeit für andere Dinge. Die Fähigkeit, Handlungen auszuführen und Impulse zu kontrollieren, ist Aufgabe des Arbeitsgedächtnisses. Und dieser Teil unseres Hirns ist störanfällig und hat eine begrenzte Kapazität. Der Studienleiter empfiehlt, das ausgeschaltete Smartphone in einem anderen Raum aufzubewahren, lediglich das Display auszuschalten bringt nichts. Wer bewusst auch mal abschalten möchte, muss eine gehörige Portion Selbstdisziplin und Durchhaltevermögen aufbringen. Das kann gelingen, aber nur, wenn man ganz konkrete Maßnahmen findet, diese dann sichtbar notiert und sich in Gedanken immer wieder darauf konzentriert, wie viel Zeitgewinn, Ruhe und Ausgeglichenheit man dafür gewinnt (Universität Paderborn 2023).

Nahezu jeder besitzt ein Smartphone. Mailen, surfen, spielen, Musik hören, informieren, soziale Kontakte pflegen, Sprachnachrichten empfangen und senden, fotografieren und sogar telefonieren ... Unser Smartphone ist zum zentralen Begleiter unseres Lebens geworden. Es gibt Menschen, die hängen permanent am Handy. Kennen Sie folgende Situation? Sie wollen lediglich das Wetter checken. Doch dann ploppt eine E-Mail auf, die Sie dazu inspiriert, in Google weiterzusuchen, um dann die Ergebnisse zurückmailen zu können, das Telefon klingelt, eine SMS meldet »dringend« und so weiter.

Licht und Schatten der Smartphones

Der Alleskönner im Hosentaschenformat ist bestens geeignet, unser Leben zu vereinfachen.

Er ist mit vielen Funktionen ausgestattet, hilft uns beim Navigieren und bietet jederzeit Zugang zu Informationen. Doch wo Licht ist, ist auch Schatten. Viele Menschen sind offenbar wenig in der Lage, im Hier und Jetzt präsent zu sein. Darunter können Beziehungen leiden, die Konzentrationsfähigkeit kann abnehmen und unser Wohlbefinden kann sinken.

Die fortschreitende Digitalisierung unseres Lebens trägt dazu bei, dass es ohne Handy kaum noch geht. Und besonders bedenklich ist, dass diejenigen, die kein Handy haben, von Teilen des Alltagslebens ausgeschlossen sind.

Dass ein Smartphone in unserem Gehirn etwas verändert, steht außer Frage. Nur, was geschieht in unserem Denkapparat? Die Ablenkungsmöglichkeit, soziale Vernetzung und ständige Erreichbarkeit können sehr belastend sein. Pausenlose Reize buhlen um unsere Aufmerksamkeit. Das ist dann wie Multitasking. Unser Gehirn ist kaum in der Lage, permanent wechselnde, kurze Impulse aufzunehmen, zu verarbeiten oder gar zu speichern. Derartige Tätigkeiten sind so sinnlos wie der Versuch, mit der Luftpumpe die Windrichtung zu verändern. »Wäre Klugheit oder Intelligenz nur das rasche Abrufen von Fakten und Informationen, wäre der Phono sapiens zweifelsohne eine Intelligenzbestie«, schreiben die Autoren in ZEIT Wissen (Boeing/Lubbadeh/Rauner 2015).

Der Nobelpreisträger Daniel Kahnemann unterscheidet zwei Denkrichtungen. Das analytische, langsame Denken, das Zahlen, Daten, Fakten betrifft, und das schnelle, intuitive Denken, das eine bewertende Einschätzung hervorbringt. Während das intuitive Denken schnell ist, aber oft Fehlschlüsse produziert, ist das analytische Denken langsam, bringt aber weitgehend korrekte Informationen hervor. Auf Kahnemanns Modell basieren zahlreiche Untersuchungen, die den Einfluss von Smartphones auf das Denken untersucht haben. Eine Studie ergab, dass Probanden, die ihr Smartphone sehr oft nutzen, bei entsprechenden Fragen zu raschen intuitiven Denkmustern tendierten und schlechter abschnitten als die Vergleichsgruppe. »Unsere Forschung stützt die Annahme, dass es einen Zusammenhang zwischen exzessivem Smartphone-Gebrauch und niedrigerer Intelligenz gibt«, erklärt Co-Autor Gordon Pennycook (ebenda). Eine britische Studie mit zehntausend Schülern stellte fest, dass an Schulen, an denen ein Smartphone-Verbot galt, die Schüler in Tests etwa sechs Prozent besser abschnitten als Schüler an Schulen ohne Verbot (ebenda).

Der Mobilfunkanbieter O2 hat seine Kunden befragt, womit sie sich mit ihrem Smartphone beschäftigen. Telefoniert wurde nur zwölf Minuten täglich, mit Chatten und E-Mail-Schreiben verbringt der User einundzwanzig Minuten pro Tag. Offenbar hat sich das Smartphone von seinem ursprünglichen Zweck, nämlich zu telefonieren, entfernt. Woran liegt das? Wir schreiben eher als miteinander zu sprechen. Jemanden jederzeit erreichen zu können, ist nützlich. Aber die permanente Erreichbarkeit ist für viele belastend.

Können wir ohne leben?

Auf das Klingeln des Telefons müssen wir sofort reagieren. Mit einer Message können wir uns Zeit lassen. Auf diese Weise verflache die Konversation zu Connection, meint die amerikanische Soziologin, Sherry Turkle. Die Wissenschaftlerin untersucht seit Jahren die Beziehung von Menschen und Maschinen. Die Menschen würden verlernen, echte Gespräche zu führen. Augenscheinlich, so Turkle, »kostet es uns viel weniger Überwindung, jemandem, den wir nicht gut kennen, eine E-Mail, Facebook-, Xing- oder WhatsApp-Nachricht zu senden, als ihn anzurufen« (Boeing/Lubbadeh/Rauner 2015).

Ist das alles Schwarzmalerei? Nein, keineswegs. Man sollte den digitalen Alleskönner in eine Reihe von Erfindungen stellen, die unser Leben erleichtert haben: die Glühbirne, die Eisenbahn, der Fernseher und vieles mehr. Das Smartphone ist das Schweizer Taschenmessers des digitalen Zeitalters. Können wir denn ohne leben? Können wir überhaupt noch ohne leben? Nein, sagen immerhin fast die Hälfte der zweitausend Amerikaner, die das Pew Internet Research Center im Jahr 2014 befragt hat.

Macht das Smartphone denn wenigstens glücklicher? Siebenundsiebzig Prozent antworten mit Ja. Allerdings bedauern siebenundfünfzig Prozent, dass das Smartphone ablenke, und sechsunddreißig Prozent sind sogar richtig wütend auf ihr elektronisches Helferlein. Bemerkenswert sind die Unterschiede in der Bewertung. Nicht überforderte ältere Menschen beklagen sich über die komplizierte Technik, sondern jüngere. Die Begründung: »Ältere Menschen sehen im Smartphone eher ein Werkzeug, ein Mittel zum Zweck. Und hat es den erfüllt, sind sie zufrieden. Jüngere hingegen integrierten das Gerät in viel mehr Lebensbereiche. Und erlebten mit ihm dann auch mehr Auf und Ab.« (Ebenda)

Was können Sie tun?

* Schalten Sie Ihr Handy komplett aus und platzieren Sie es in einem Nebenraum, wo kein Sicht- und Hörkontakt besteht!
* Schalten Sie Ihr Smartphone einfach einmal ab!
* Finden Sie konkrete Maßnahmen für eine Handypause: Wann und wie lange soll es ruhen, wo befindet es sich in der digitalen Abwesenheit, sollte die Smartphonepause von einer weiteren Person kontrolliert werden und, wenn ja, wie läuft die Maßnahme ab?
* Es ist zwingend erforderlich, dass Sie sich die Regeln handschriftlich notieren und an einen Ort legen, wo sie sichtbar bleiben, zum Beispiel Spiegel im Bad, als Post-it am Kühlschrank oder am Armaturenbrett des Autos ...
* Konzentrieren Sie sich immer wieder darauf, was Sie mit der digitalen Pause gewinnen: mehr Zeit, Ruhe und Ausgeglichenheit.
* Führen Sie persönliche analoge Gespräche in Ihrer Umgebung, von Angesicht zu Angesicht, nicht über digitale Medien!

4.4 Handyfasten und digitale Entgiftung

»Die Gefahr, dass der Computer so wird wie der Mensch, ist nicht so groß wie die Gefahr, dass der Mensch so wird wie der Computer.«

Konrad Zuse (1910 – 1995),
deutscher Bauingenieur, Erfinder und Unternehmer

Prominente verkünden digitale Enthaltsamkeit, auf Instagram läuft eine Kampagne von Jugendlichen, die bewusst vermehrt ihre Zeit offline verbringen wollen, und es mehren sich die Stimmen, die für eine Smartphone-Auszeit eintreten. Seit Jahren ist aus der interdisziplinären Forschung bekannt, dass medienfreie Erholungspausen für Körper, Geist und Seele enorm wichtig sind. Mit »Digital Detox« (Digitale Entgiftung) ist nun eine zunehmende Gegenbewegung zum Online-Rausch in Gang gekommen.

Ende des Smartphone-Hypes?

Etwa zweihundert Mal am Tag schauen wir auf unser Handy, etwa achtzig Mal täglich wird es entsperrt. Wie eine Klette klebt der elektronische Alleskönner an uns. Wir können uns nicht mehr auf eine Angelegenheit konzentrieren und erledigen oft mehrere Dinge gleichzeitig. Beim Essen E-Mails checken, beim Joggen den Kinderwagen schieben und zugleich per Kopfhörer neuen Podcasts lauschen. Und kürzlich habe ich sogar eine Mutter gesehen, die beim Stillen ihres Kindes mit dem Handy hantierte.

Die permanente Ablenkung, verbunden mit der Befürchtung, etwas zu verpassen, verbannt uns ins Netz und atomisiert unser Leben in winzige Abschnitte. Die Gleichzeitigkeit unseres Tuns entwertet jede einzelne Aktivität. Auf diese Weise machen sich Unzufriedenheit, Depression und miese Laune breit. Wir können uns schlichtweg auf nichts konzentrieren und verlieren den Blick für das Wesentliche.

Wie zähme ich die (digitalen) Zeitfresser?

Und die größten Zeitfresser, die uns digital in Bann ziehen wollen, sind die sogenannten Social-Media-Plattformen. Sean Parker, Mitbegründer von Facebook (Meta), brachte es auf den Punkt: »Die Motivation bei der Entwicklung der frühen Applikationen – und Facebook war die erste – war: Wie können wir so viel Zeit und Aufmerksamkeit der Nutzer wie möglich bekommen.« (Hummel 2017) Bewusst hat man bei der Planung von Facebook auf die Anziehungskraft der Plattform gesetzt. Das ist gelungen! Die Folgen für Psyche, Körper und Gesundheit sind schwer einzuschätzen. Warnende Stimmen aus Medizin und Psychologie werden lauter. Es ist Zeit, den digitalen Stress abzubauen. Bei dieser Belastung ist es überfällig, endlich den digitalen Stecker zu ziehen. Viele wollen wieder analog sein, zumindest häufiger, mit Menschen auf Augenhöhe reden, emotionale Momente genießen.

Nur wie? Die Techniker Krankenkasse empfiehlt »TK-Antistress Coaching« oder »TK Smart Relax«, Programme, die mehr Gelassenheit versprechen und das Wohlbefinden steigern sollen. Es werden auch Digital-Detox-Urlaube angeboten. Das sind Tage, in denen das Handy zur Stille gezwungen werden soll. Und nach dem entspannten Urlaub? Dann geht es wieder von vorne los. Besonders paradox erscheinen »Digital-Detox-Apps«, die helfen sollen, den Smartphone-Gebrauch zu reduzieren. Die App registriert alles, was der Nutzer damit macht. Am Ende des Tages wird Bilanz gezogen. Das könnte zumindest helfen, bewusst zu machen, was man eigentlich mit dem Handy tut. Das mag ein erster Schritt zur digitalen Entgiftung sein, ein Mittel zur Selbsterkenntnis.

So gelingt die Smartphone-Auszeit

Ein radikaler Verzicht auf das Smartphone wird nur wenigen gelingen. Es geht nicht darum, digitale Medien zu verteufeln. Denn digitale Medien sind äußerst nützliche Begleiter durch unser Leben. Wissen, nicht das Lernen, ist oft nur wenige Klicks entfernt verfügbar. Es geht allerdings darum, ein Gleichgewicht zwischen offline und online herzustellen. Nicht wir dürfen Diener digitaler

Medien werden, sondern die elektronische Technik sollte uns dienen.

Werden Sie nervös, wenn die Akkuanzeige Ihres Handys unter zwanzig Prozent sinkt? Entsperren Sie häufig ohne Grund Ihr Handy? Schauen Sie sofort nach, wenn sich eine Pushnachricht meldet? Dann sollten Sie über eine digitale Diät nachdenken.

Während der Digital-Detox-Zeit werden alle digitalen Medien für eine bestimmte Zeit verbannt. Ihr Handy verwandelt sich auf Ihrem Schreibtisch zu einem nutzlosen Briefbeschwerer. Somit erhalten Sie die Chance, richtig zu entspannen, Tagträumen nachzugehen, Gedanken fliegen zu lassen und das Hier und Jetzt zu genießen. Aktivieren Sie das Belohnungssystem Ihres Gehirns, indem Sie sich einen lang gehegten Wunsch erfüllen.

Buchtipp für Wissenshungrige
Daniela Otto (2022): Digital Detox. Die ideale Anleitung für eine gesunde Smartphonenutzung, Springer Verlag, Berlin.

Mehr als die Hälfte der Smartphone-Nutzer, so eine Studie der Ludwig-Maximilians-Universität München, erwartet eine prompte Reaktion. Antworten Sie erst, wenn Sie Zeit dazu haben.

Die größte Herausforderung dürfte darin bestehen, digitale Detox-Phasen in den Alltag einzubauen. Dazu müssen Sie Ihre Gewohnheiten verändern, öfter mal unerreichbar sein und das Einsparpotenzial des Handys entdecken. Sie erleben eine weitgehend analoge Zeit. Ihr Gehirn wird es Ihnen danken, denn die wechselvolle, hektische und zu schnelle Bildschirmzeit ist Gift für Ihr Denkorgan.

Was können Sie tun?

- Überprüfen Sie die Zeit, die Sie mit Ihrem Handy verbringen!
- Legen Sie fest, wann und in welcher Zeit Sie komplett auf digitale Medien verzichten wollen.
- Richten Sie einmal pro Woche einen Offline-Tag ein!
- Überprüfen Sie Ihre Gewohnheiten: Wann schauen Sie grundlos auf Ihr Handy? Beim Warten auf Bahn und Bus, beim Kaffeetrinken, wenn Ihre Begleitung im Restaurant kurz verschwindet, oder bei anderen Gelegenheiten? Legen Sie diese Gewohnheiten ab!
- Aktivieren Sie das Belohnungssystem in Ihrem Gehirn, indem Sie medienlose Ersatzerlebnisse sowie Glücksmomente in Ihren Alltag integrieren!
- Schalten Sie den Flugmodus ein!
- Richten Sie Abwesenheitsnotizen ein!
- Reagieren Sie auf Informationen erst, wenn Sie Zeit haben!
- Legen Sie sich einen Wecker zu und nehmen Sie Ihr Handy nicht mit ins Schlafzimmer!
- Entdecken Sie analoge Alternativen! Zum Beispiel: Reisen mit Stadtplan, gedrucktes Buch lesen, analoge Armbanduhr nutzen ... Legen Sie analoge, handyfreie Zeiten zwischen zweiundzwanzig und sieben Uhr fest.
- Notieren Sie handschriftlich Ihre persönlichen Detox-Zeiten. Schreiben Sie darüber Tagebuch.

4.5 Stimmt dein Glücksbarometer?

»Unser Gehirn ist nicht dafür gebaut, dauernd glücklich zu sein, aber es ist süchtig danach, nach Glück zu streben.«

Manfred Spitzer (* 1958), Neurowissenschaftler und Psychiater

Wo im Gehirn befindet sich das Glück? Nirgends, denn für Glück gibt es keinen Ort.

Was ist Glück? Das ist so unterschiedlich wie das Leben. Wie wird man glücklich, was ist der Schlüssel zum Glück? Wenn man das eigene Leben in die Hand nimmt. Wir können uns viel von den Kindern abschauen. Davon möchte ich zunächst erzählen:

Vor einiger Zeit war ich bei meinen Enkeln zu Besuch. Die jüngste Enkelin, nennen wir sie Sahra, war etwa ein Jahr alt. Schon seit Längerem versuchte sie zu laufen. Unzählige vergebliche Versuche lagen hinter ihr. Am Tischbein hochziehen, aufstehen, Schritte versuchen und plumps, wieder hat es nicht geklappt. Noch einmal, am Stuhl abstützen, zum Stehen kommen und? Erneut ging es abwärts. So lief es tagein, tagaus, seit längerer Zeit. Die gescheiterten Versuche führten nicht etwa dazu, Tränen fließen zu lassen, zu verzweifeln oder aufzugeben. Nein, ein Versuch reihte sich an den nächsten. Doch dann, ich traute meinen Augen nicht, stand Sahra auf und ging ein paar Schritte, noch etwas unsicher, aber nun konnte sie laufen! Welch eine wunderbare Entwicklung. Ich habe noch nie ein solches glückliches Gesicht gesehen. Glück pur! Sie strahlte mich an und lief! Nun war mir klar, was Glück ist!

Glück fällt einem nicht in den Schoß

Jeder ahnt, dass Glück einem nicht in den Schoß fällt und man etwas tun muss, um glücklich zu sein. Glaubt man den unzähligen Veröffentlichungen, ist allein der Begriff »Glück« in unzähligen Titeln von Büchern ein Indiz dafür, dass die meisten Menschen ihr Glück suchen. Es ist allerdings paradox, dass ein Großteil der

Menschen sich bei der Beurteilung der Gegenwart eher auf das Störende konzentriert und sich weniger über das Gute, was immer auch gemeint ist, freut.

Obwohl der Wohlstand in vielen Ländern in den letzten zehn oder zwanzig Jahren enorm gewachsen ist, empfinden die meisten Menschen ihre aktuelle Lage als schlecht. Woran liegt das? Untersuchungen haben gezeigt, dass Wohlstand nicht zufriedener macht, wenn die Grundbedürfnisse bereits erfüllt sind. Außerdem wollen Menschen, die Wohlstand erleben, immer wieder mehr davon haben und befürchten Verteilungskämpfe. Darüber hinaus neigt der Mensch dazu, sich weniger mit seiner eigenen verbesserten Entwicklung als mit seiner gegenwärtigen Umgebung zu vergleichen. Hinzu kommt, dass der Vergleich sich häufig an Geld und Luxus misst. Fazit: Glückserleben ist selten. Hier trifft der Satz des dänischen Philosophen Søren Kierkegaard zu: »Das Vergleichen ist das Ende des Glücks und der Anfang der Unzufriedenheit.«

Weiterhin sollten wir wissen, dass unser Gedächtnis dazu neigt, die Vergangenheit positiv einzufärben. Früher war alles viel besser! Ein ehemaliger »Stinkstiefel« mutiert zu einem freundlichen Kollegen. Aus einer problematischen Schulzeit wird nun eine glückliche Lernperiode. Eine verlorene juristische Auseinandersetzung mündet in die Aussage: »Es hätte ja noch viel schlimmer kommen können«. Offenbar bewerten wir das Hier und Jetzt eher negativ und deuten die Vergangenheit eher positiv. Möglicherweise hilft es uns gegen diese psychologische Tendenz, wenn wir dem Rat des Neurowissenschaftlers Martin Korte folgen: »Wenn wir uns bewusst machen, dass wir dazu neigen, niemals das Ende eines Problems sehen zu können, könnten wir versuchen, im Voraus genau festzulegen, wann etwas als gelöst/erledigt gilt.« (Korte 2019a) Fest steht, dass unser Gehirn darauf ausgelegt ist, eine lebenserhaltende Zukunft anzubahnen. Glücklichsein steht nicht auf der Zielliste unseres Denkorgans. Darum können nur wir selbst uns kümmern.

Glück und Zufriedenheit sind zwei Seiten einer Medaille

Wer zufrieden ist, bewertet dieses Erleben für lange Zeit positiv. Glücksgefühle hingegen sind neurobiologisch betrachtet kurzfristige Ereignisse, vergleichbar mit einem Drogenrausch. In beiden Fällen wird Dopamin ausgeschüttet, eine Substanz, die nicht ganz korrekt auch Glückshormon genannt wird. Langfristige Zufriedenheit ist für unser Wohlbefinden wichtiger als ein kurzfristiges Glücksgefühl. Eine große Anzahl neurobiologischer Studien kommt zu dem Ergebnis, dass langfristige Zufriedenheit sich dann einstellt, wenn man persönlichen Erfolg verbuchen und sein Leben mit Mitmenschen und der Familie teilen kann. Das Streben nach Geld, darauf verweist der Nobelpreisträger Daniel Kahnemann, kann sehr negative Folgen haben. Gut situierte Familien streiten sich häufiger, je höher ihr Reichtum ist. Hierbei ist nicht das Geld an sich das Problem, sondern das Streben danach scheint den Verstand außer Kraft zu setzen (ARD alpha 2023). Auf der anderen Seite hat Daniel Kahnemann eine Studie veröffentlicht, wonach Geld durchaus glücklich machen kann. Allerdings nur bis zu einer Grenze von etwa fünfundsiebzigtausend US-Dollar. Eine neue Studie des Autors, die 2023 veröffentlicht wurde, besagt, dass Geld durchaus zum Glücksempfinden beitragen kann, aber bei verschiedenen Menschen bis zu einer unterschiedlichen Höhe. (Korte 2019a) Wir erkennen, dass die Untersuchungen zu unterschiedlichen, teils widersprüchlichen Ergebnissen kommen. Man sollte sich aber daran erinnern, dass Reichtum vergänglich sein und das Geld auf dem Konto verschwinden kann.

Seit 1938 werden in einer Harvard-Studie mehrere Generationen daraufhin begleitet, zu erkunden, was die Menschen glücklich macht. Demnach ist es nicht das Geld, das glücklich macht, sondern es sind in erster Linie gute Beziehungen, in denen man sich unterstützt und geschätzt fühlt.

Der Neurowissenschaftler Gerhard Roth verweist in einem Interview mit dem »Spiegel« darauf hin, dass »Zufriedenheit im Leben und das Glücksgefühl, das wir verspüren, zwei vollkommen unterschiedliche Dinge sind ... Beides wird in ganz unterschiedlichen neurobiologischen Systemen verarbeitet.« (Thimm/Traufetter 2004) Die Zufriedenheit ist eine Lebenshaltung, die sich schon in der Kindheit andeutet. Zufrieden ist, wer ein gutes Stressmanagement besitzt, eine hohe Frustrationstoleranz hat und in seiner Kindheit eine vertrauensvolle Bindung erlebt hat. Glück hingegen ist ein kurzfristiges Ereignis, das durch unser Belohnungssystem im Gehirn ausgelöst wird und sich auf »unseren Level an Zufriedenheit gewissermaßen obendrauf setzt«. (Kullmann 202b) Wer zufrieden ist, braucht keinen Lottogewinn und will nicht unbedingt über Nacht zum Superstar werden. Es reicht ihm alles so, wie es ist.

Es gibt allerdings nur eine Art von Glück, die einem nie langweilig wird. Das sogenannte intrinsische Glück, bei dem man aus sich selbst heraus Spaß an dem hat, was man gerade erlebt. Dieses Glück kann nicht in Sättigung gehen. Wem sein Job gefällt, der wird ihn auch weiterhin gerne erledigen, wenn sich die äußeren Umstände nicht verändern. In diesem Moment verkettet sich Zufriedenheit mit dem aktuellen Glücksgefühl. Jeder Schaffensrausch ebbt irgendwann ab. Wir kennen das von Künstlern. Wenn das Werk vollendet ist, kommt erst mal eine ausgeprägte Leere. Zufriedenheit im Leben wirkt immer länger als das augenblickliche Glück.

Die Chemie des Glücks – was geschieht in unserem Hirn, wenn wir glücklich sind?

Im Zentrum steht Dopamin, ein Hormon, das im Gehirn gebildet wird und Nervenfasern veranlasst, diesen opiumähnlichen Stoff zu produzieren und auszuschütten. Es erzeugt euphorische Zustände, schärft die Aufmerksamkeit und bewirkt ein Glücksgefühl, das aber auch rasch wieder abflaut. Dopamin ist auch der Hauptakteur im Belohnungssystem. Das meldet sich, wenn wir etwas erwarten und wenn wir Zuwendungen erhalten, mit denen wir nicht gerechnet haben. Das funktioniert wie ein Schaltkreis: Ein Auslöser von außen, etwa der Anblick oder der Duft eines leckeren Stückchens Erdbeertorte, lässt das limbische System reagieren. Es erzeugt einen Drang, ein bewusstes Verlangen in der Großhirnrinde, die dem Körper daraufhin die Anweisung gibt, dieses Verlangen zu stillen. »Selbst zum Genuss des Glücks bedarf man Mut«, resümiert Carl Spitteler. (gute-zitate.com)

Zusammenfassend halten wir fest: Auch wenn die Menschen individuell sehr verschiedene Bedürfnisse haben, sind gute soziale Beziehungen, die ein Gefühl von Verbindung und Zugehörigkeit vermitteln, die wichtigsten Glücksbringer. Sie machen uns glücklicher, zufriedener und wir leben länger. Gemeint sind nicht nur Paarbeziehungen, sondern auch gute Beziehungen zu Familienmitgliedern, Freunden, Kollegen oder Nachbarn. Und hier bestätigt sich die neurowissenschaftliche Erkenntnis: Unser Gehirn ist ein Sozialorgan.

Buchtipps für Wissenshungrige

Markus Czerner (2023): Alles Kopfsache. Erfolg ist kein Glück. BusinessVillage Verlag, Göttingen.

Manfred Spitzer (2021): Was ist Glück? Ein psychologischer und neurowissenschaftlicher Blick auf unser Glücksempfinden. mvg Verlag, München.

Was können Sie tun?

- Fragen Sie sich: Was ist für mich Glück? Notieren Sie die Ergebnisse auf einer Liste.
- Eine Redewendung lautet: »Glück hat nur der Tüchtige!« Halten Sie sich daran!
- Welche der notierten Punkte können Sie durch Ihr Tun beeinflussen und welche nicht?
- Kümmern Sie sich um die Punkte, die Sie mit Ihrem Handeln beeinflussen können. Die anderen Aspekte sind im wahrsten Sinne des Wortes »Glücksache«. Zum Beispiel Lotto spielen: Sie tippen zwar Ihre Zahlen, aber welches Los gewinnen wird, liegt nicht in Ihrer Hand!
- Glück ist ein flüchtiges Gefühl, Zufriedenheit ist eine dauerhafte Grundhaltung. Blicken Sie auf Ihre aktuelle Lebenssituation und konzentrieren Sie sich auf das, was Sie zufrieden macht. Wenn möglich, vermeiden Sie jene Aspekte, die Unzufriedenheit bewirken.
- Kümmern Sie sich vor allem um das, was Ihnen Freude beschert und Energie liefert.
- Intensivieren Sie Ihre sozialen Beziehungen, sie sind die bedeutendsten »Glücksbringer«.
- Das Gehirn kennt nur einen dauerhaften »Glückszustand«. Das ist das sogenannte intrinsische Glück, genauer die Zufriedenheit. Unternehmen Sie alles, was diesen Zustand fördert.

4.6 Leistungs- und Zufriedenheitsturbo durch gute Entscheidungen

»Es ist besser, unvollkommene Entscheidungen durchzuführen, als ständig nach vollkommenen Entscheidungen zu suchen, die es niemals geben wird.«

Charles de Gaulle (1890 – 1970), französischer Staatsmann, Ministerpräsident

Brot oder Brötchen? Fahrrad oder Auto? Überholen oder abbremsen? Tagein, tagaus treffen wir Entscheidungen, von früh bis spät und das immer. Und häufig treffen wir eine Wahl »aus dem Bauch heraus«, was zunächst gegen jede Vernunft zu sprechen scheint. Dass der Bauch dieses und der Kopf aber jenes will, hat in unserer Alltagssprache mittlerweile einen wichtigen Platz erobert. Jeder Zwiespalt und jede unsichere Entscheidung erzeugen das Gefühl, dass Bauch und Kopf gegeneinander antreten.

Wir entscheiden oft unbewusst und ohne nachzudenken

Da unser Gehirn bestrebt ist, Energie zu sparen und den Aufwand möglichst gering zu halten, entscheiden wir oft automatisiert. In neuen und ungewohnten Situationen entscheiden wir häufig bewusst nach gründlichem Nachdenken. Stehen wir erneut vor der gleichen Situation, automatisiert sich dieser Prozess. Unser Bewusstsein tritt in den Hintergrund es dominieren tief im Inneren des Gehirns liegende Strukturen.

Etwa neunzig Prozent unserer Alltagsentscheidungen geschehen auf unbewusster Ebene. Ob bewusst oder unbewusst, wir treffen am Tag bis zu zwanzigtausend Entscheidungen, so der Hirnforscher Ernst Pöppel. Bei der Wahl einer Marmelade oder der Farbe eines Pullovers mag das leicht sein. Doch je weitreichender die Folgen sind, desto schwieriger fällt es uns, eine Entscheidung zu treffen: aufstehen oder liegen bleiben, Anwalt oder im Internet nachschlagen? Selbstständigkeit oder Anstellung? Operation oder Medikament? Wir sind hin- und hergerissen zwischen zwei Alternativen, meinen, wir könnten eine Münze werfen ... und entscheiden uns am Ende doch!

Der vermeintliche Kampf zwischen den konkurrierenden Körperteilen hat auch Eingang in die Musik gefunden: Mark Forster singt: »Bauch sagt zu Kopf ja, doch Kopf sagt zu Bauch nein und zwischen den beiden steh ich ...« Bei diesem Song geht es – natürlich – um die Liebe, ein Gefühl, das mehr ist als Herzschlag, Schweißausbruch und Hormonschub. »Die Liebe«, so die Wissenschaftlerin Eva-Maria Engelen, »ist ein Gefühl, das bei den Leistungen der Vernunft eine fundierende Rolle spielt« (Musall 2007). Gefühle vernebeln keineswegs den Verstand. Es gibt, wie der Neurowissenschaftler António R. Damásio betont, keine Entscheidung, kein Handeln, keine Wahrnehmung ohne Emotionen. Dass unsere Entscheidungen rein vernünftig und rational getroffen werden, gehört in die Mottenkiste der Wissenschaft.

Ein Beispiel: Die Geschäftsleitung hat Ihnen eine hervorragende Stelle angeboten: das Angebot klingt gut, doch zugleich meldet sich ein merkwürdiges Bauchgefühl, irgendetwas stimmt nicht ...

Was ist hier los? Vermutlich taucht hier das »emotionale Erfahrungsgedächtnis« auf. Dieser emotionale Erlebnisspeicher begleitet uns ein Leben lang und ist die Summe der individuellen Erfahrungen. Dort wird umfassendes Erfahrungswissen in Form von Gefühlen und Körperempfindungen gespeichert, und zwar in den sogenannten somatischen Markern (griechisch »soma« = Körper). Finden wir uns in vergleichbaren Situationen wieder, wird das Gelernte abgerufen mit dem Ergebnis, gute Erlebnisse zu wiederholen und schlechte zu vermeiden. Es ist ein blitzartiges körperliches Zeichen, das uns innerhalb von Millisekunden Stop oder Go signalisiert. Wir verspüren lediglich ein gutes oder schlechtes Gefühl. Die ursprüngliche Erfahrung bleibt im Unbewussten und ist quasi eingefroren. Wir nehmen sie wahr als zitternde Knie, Kloß im Hals, als Kribbeln im Bauch oder als

Wieder-frei-atmen-Können. So ist das Bauchgefühl an Entscheidungsprozessen beteiligt.

Die Kraft der Intuition

»Der intuitive Verstand ist ein Geschenk und der rationale Verstand ein treuer Diener. Wir haben eine Gesellschaft geschaffen, die den Diener ehrt und das Geschenk vergessen hat.«

Albert Einstein (1879 – 1955),
schweizerisch-US-amerikanischer Physiker

Der deutsche Psychologe Gerd Gigerenzer (2013) verwendet die Begriffe »Bauchgefühl« und »Intuition« synonym. Intuition taucht rasch im Bewusstsein auf, wir verstehen nicht ganz, warum wir sie haben, aber wir sind bereit, nach ihr zu handeln. Zu viele Informationen erschweren die Entscheidungsfindung. Wir fällen täglich unzählige intuitive Entscheidungen, wir wissen, wie man das Auto abbremst, wir wissen, wie man einen Kartoffelschäler ansetzt, wir wissen, welche Lebensmittel für uns gut sind und vieles mehr. Angenommen, Sie müssten jedes Mal überlegen, wie Sie Ihre Schnürsenkel zu binden haben – Sie kämen nie aus dem Haus. Vieles ist eingeübt, der Autopilot im Gehirn sorgt für automatisierte Abläufe und spart zudem Energie, die das Gehirn für wichtigere Aufgaben benötigt.

Wissenschaftler des Max-Planck-Instituts und der Universität Basel untersuchten, ob wir eher mit dem Bauch oder mit dem Kopf entscheiden. Das hängt weniger damit zusammen, welcher Entscheidungstyp wir sind, vielmehr spielt vor allem der Inhalt einer Entscheidung eine wesentliche Rolle. Während wir bei der Partnerwahl, bei der Kleidung oder in Restaurants eher intuitiv entscheiden, setzen wir bei Themen wie Medizin, Elektronik und Urlaub eher auf wissensbasierte Abwägungen. Aber auch hier gilt: keine Entscheidung ohne die Beteiligung von Emotionen. (Pachur/Spaar 2015)

Menschen bevorzugen je nach Inhaltsbereich die eine oder andere Entscheidungsart. Und das übrigens unabhängig vom Geschlecht. Das Vorurteil, dass Frauen lieber mit dem Bauch entscheiden als Männer, wurde nicht bestätigt.

Entscheidungstypen

Die Diplompsychologin Maja Storch (2005) unterscheidet vier Entscheidungstypen: den Ausgeglichenen, den Selbstausbeuter, den Schnellentscheider und den Zerrissenen.

Der **Ausgeglichene** trifft auf Basis seiner Erfahrungen Entscheidungen, bei denen Kopf und Bauch in einem ausbalancierten Verhältnis stehen. Sollte eine Entscheidung Unbehagen verursachen, sucht er so lange nach dem Grund, bis beide Kategorien in Einklang stehen.

Der **Selbstausbeuter** entscheidet aus rein rationalen Erwägungen, seine Gefühle werden unterdrückt oder nicht wahrgenommen. Er ist leistungsorientiert, arbeitet bis zur Erschöpfung und tut sich schwer, Aufgaben zu delegieren. Wer zu diesem Entscheidungstyp gehört, kann durch geeignete Übungen lernen, seine Emotionen wieder wahrzunehmen.

Der **Schnellentscheider** entscheidet spontan und »aus dem Bauch heraus«. Er ist oftmals impulsiv, schnell begeistert und ungeduldig. Dieser Entscheidungstyp kann seine Distanz zur Entscheidung vergrößern, indem er die Meinung anderer berücksichtigt und so Zugang zu rationalen Argumenten findet.

Der **Zerrissene** ist zwar bemüht, Verstand und Intuition zu koordinieren, er traut seinen eigenen Gefühlen allerdings nicht. Senden Bauch und Kopf unterschiedliche Signale, ist er innerlich in einem Zwiespalt und trifft mitunter Fehlentscheidungen. Um sein Bauchgefühl stärker zu berücksichtigen, sollte dieser Entscheidungstyp mithilfe des Feedbacks durch andere seine letzten Entscheidungen analysieren und bewerten.

Diese Liste der Entscheidungstypen ließe sich nahezu endlos fortsetzen. Viele kennen den Zauderer, der stets durch ein »Ja, aber ...« auffällt, oder den Harmoniesüchtigen, dessen Entscheidungen sich danach richten, es allen recht zu machen. Und dann gibt es ja noch den Perfektionisten, der Sklave seiner eigenen hohen Erwartungen ist und der sich erst dann entscheiden kann, wenn alles perfekt recherchiert ist. Wer sich erst dann entscheiden kann, wenn jeder Fehler ausgeschlossen scheint, überlässt das Feld anderen.

Kann man Entscheidungsmanagement trainieren? Ja! Und einen ersten Schritt können Sie schon heute tun: Nehmen Sie sich Zeit für Entscheidungen und reduzieren Sie die Komplexität. Je weniger Sie am Tag entscheiden, desto wertvoller werden Ihre Entscheidungen sein. Entscheidungen vor sich herschieben ist kein sinnvoller Weg. »Die schlimmste Entscheidung ist Unentschlossenheit«, betonte Benjamin Franklin.

Und wann ist eine intuitive Entscheidung sinnvoll? Wenn eine zukünftige Situation beurteilt werden soll, wenn die Informationslage ungewiss ist oder Ihre Vorkenntnisse eingeschränkt sind.

»Die Kunst der klugen Entscheidungen«, so die Diplompsychologin Maja Storch, »beherrscht, wer seine beiden Entscheidungssysteme – der Verstand und das emotionale Erfahrungsgedächtnis – souverän handhaben kann.« (Storch 2005)

Und manchmal deutet der Volksmund auf eine Lösung für Unentschlossenene: mal eine Nacht lang darüber schlafen. Tags darauf sieht manches anders aus.

Was können Sie tun?

* Entscheiden Sie intuitiv aus dem Bauch heraus, wenn die Informationslage ungewiss ist, die Vorkenntnisse eingeschränkt sind oder die zukünftige Situation unklar ist.
* Setzen Sie auf wissensbasierte Abwägungen, wenn es beispielsweise um Themen wie Elektronik, Medizin, Technik oder Urlaubsorte geht.
* Reduzieren Sie generell die Anzahl der Entscheidungskriterien und konzentrieren Sie sich auf die wesentlichen Aspekte! Eine in jeder Hinsicht perfekte Lösung gibt es nicht!
* Schaffen Sie sich Rituale, um den Entscheidungsdruck zu vermindern. Wer beispielsweise jeden Mittwochabend mit Freunden Karten spielt, weiß, dass er in dieser Zeit sich nicht für andere Beschäftigungen entscheiden kann.
* Bei geringer Faktenlage meldet sich meistens die Intuition mit Stop oder Go. Geben Sie diesem Impuls nach.
* Zu viele Informationen erschweren die Entscheidungsfindung. Reduzieren Sie die Komplexität bei Entscheidungen.
* Die Diplompsychologin Maja Storch unterscheidet vier Entscheidungstypen: Den Ausgeglichenen, den Selbstausbeuter, den Schnellentscheider und den Zerrissenen. Lesen Sie im Text oben nach und finden Sie Ihren Entscheidungstyp.

4.7 Anfangen können – ein unterschätzter Brainpowerfaktor

»Die Neurowissenschaft gibt uns die Erlaubnis, uns eine Pause zu gönnen, wenn wir wirklich feststecken, und es ist die Pause, die uns hilft, die Lösung zu finden.«

*Barbara Oakley (*1955), amerikanische Autorin und Professorin für Maschinenbau*

Viele Menschen haben sich etwas vorgenommen, können allerdings nicht oder nur mit großer Mühe beginnen. Steuererklärung machen? Hat noch Zeit! Keller aufräumen? Nächste Woche geht auch! Den Bericht schreiben? Erst mal den Schreibtisch aufräumen!

Bis zum letzten Moment werden Vorhaben hinausgeschoben. Menschen, die einfach nicht loslegen können, leben nach dem Motto, das Mark Twain einmal so formulierte: »Verschiebe nicht auf morgen, was genauso gut auf übermorgen verschoben werden kann.« Es sind Zeitgenossen, die einfach nicht ins Handeln kommen. Sie klagen über Konzentrationsschwäche, sind permanent abgelenkt und haben Leistungsängste. Die Aufschieberitis oder fachlich korrekt die Prokrastination ist weitverbreitet. Und manche Menschen leiden stark darunter, weil es ihnen nicht gelingt, anzufangen. Es ist – und der Begriff Aufschieberitis weist darauf hin – manchmal eine Krankheit.

Aufschieberitis? Kein Problem für unser Hirn

Wenn Menschen ihre Tätigkeiten aufschieben, ist das normal. Die Versuchung, etwas nicht jetzt, sondern später zu erledigen, kennt jeder. Manche verzweifeln daran, Berge von Papier vor sich herzuschieben, andere haben kein schlechtes Gewissen, wenn sie auf den richtigen Zeitpunkt warten, wiederum andere meinen, nur die anderen würden prokrastinieren.

Für unser Gehirn ist das Verschieben von Tätigkeiten kein Problem, da Momente des Nichtstuns und der Ruhe notwendig sind, um sich zu regenerieren. Hirnforscher sind sich einig: »Kleine Auszeiten stärken das Gedächtnis, fördern die Kreativität und sogar die Höchstleistung. Auch das unbewusste, kleine Aufschieben von Arbeiten, die nicht sofort erledigt werden müssen, kann da Erholung bieten.« (Kummer 2013)

Anders betrachtet gibt es Menschen, die, ohne groß zu überlegen, alles sofort erledigen wollen. Und das rasche und ungeduldige Handeln führt zuweilen auch zu kräftigen Fehlerquellen. Wer perfektionistisch veranlagt ist, leidet nicht unter der Aufschieberitis, er kann kein Ende finden, weil es noch immer nicht passt.

Die Reaktionen auf einen Berg von Arbeit sind individuell verschieden. Beispiel Unordnung. Die einen schieben das Aufräumen vor sich her, weil sie das unliebsame Tun ablehnen und eine angenehmere Aufgabe vorziehen. Andere können nicht mit Unordnung leben und räumen rasch auf. Wiederum andere streiten sich, wer jetzt aufräumt.

Das Erfahrungsgedächtnis bremst?

Was berichten die Neurowissenschaften? Barbara Oakley, Professorin an der Universität Oakland, Expertin für neurowissenschaftliche Erkenntnisse zur Prokrastination, weist darauf hin, dass chronische Prokrastinierer Schwierigkeiten in jenen neuronalen Regionen haben, die mit der Selbstkontrolle und der Emotionsregulierung in Verbindung stehen. Das zu ändern, so die Wissenschaftlerin, erfordert enorme Selbstdisziplin (Sanches 2023).

Weiterhin deuten Untersuchungen darauf hin, dass das Erfahrungsgedächtnis offenbar als Bremse agiert. Hier könnte sinnvoll sein, zu ermitteln, in welchen Situationen ein Stop und wann ein Go signalisiert wird. Das Erfahrungsgedächtnis arbeitet nach dem Grundprinzip, negative oder positive Erlebnisse in vergleichbaren Situationen aufzurufen. Man kann positive Erinnerungen als Motivation nutzen, um Dinge zu erledigen. Eine genaue Analyse, vielleicht auch mit externer Hilfe, wäre möglicherweise notwendig. Es ist wichtig zu wissen, was einen an der vorgesehenen Arbeit stört und was geschätzt wird.

Die Prokrastination kostet das Arbeitsgedächtnis Rechenleistung, worauf Martin Korte (2023d) hinweist. Durch das Aufschieben verschwinden die Aufgaben nicht, sondern bleiben unbearbeitet liegen und vergrößern die To-do-Liste.

»Der Aufschub ist ein Dieb der Zeit«, meinte Edward Young. (gutezitate.com) Und dadurch kann der Druck, Dinge zu erledigen, wachsen, was erneut zu Prokrastination führen kann. Ein Teufelskreis!

> **Buchtipp für Wissenshungrige**
> Anna Höcker, Margarita Engberding und Fred Rich (2021): Heute fange ich wirklich an! Prokrastination und Aufschieben überwinden. Ein Ratgeber, Hogrefe Verlag, Göttingen.

Korte empfiehlt: »Geben Sie der Prokrastination keine Chance und konzentrieren Sie sich nach einer medienfreien Pause auf eine Aktivität, nämlich die, welche Sie verschieben wollen. Denn der Grund für die Prokrastination kann auch an der verfügbaren Informationsfülle liegen und das Arbeitsgedächtnis ist überfordert. (Korte 2023e)

Jetzt oder nie

Haben Sie schon mal etwas von der Zweiundsiebzig-Stunden-Regel gehört? Es ist durch zahlreiche Untersuchungen belegt, dass die Aufschieberitis vorwiegend durch mangelnde Entschlossenheit verursacht wird. Alles, was Sie sich vornehmen, sollten Sie innerhalb von zweiundsiebzig Stunden beginnen. Ansonsten sinkt die Umsetzung des Vorhabens auf etwa ein Prozent. Nur was Sie mit Herz und Verstand wirklich wollen, was Sie mit Leidenschaft verfolgen, hat beste Chancen, dass die Planung gelingt. Ein ägyptisches Sprichwort lautet: »Der Anfang ist die Hälfte des Ganzen.« Der erste Schritt ist der wichtigste, und zwar innerhalb von drei Tagen. Die

Zweiundsiebzig-Stunden-Regel ist kein wissenschaftlich fundiertes Gesetz, vielmehr eine Faustformel, die auf empirischen Untersuchungen beruht und darauf verweist, dass die Willenskraft der Motor der Veränderung ist.

Sie lieben Ihre Aufschieberitis?

Wer dennoch lieber die Dinge verschieben möchte, dem hilft vielleicht die Geschichte von Gottfried Benn weiter, der als Schiffsarzt auf einem Dampfer nach Murmansk fahren sollte. Der Dichter war von Anfang an skeptisch, zögerte und trödelte herum, schließlich verpasste er so die Abfahrt seines Schiffes. Später schrieb er in seinen Erinnerungen, dass ihm dieses Aufschieben das Leben gerettet habe. Der Dampfer kam nie im sibirischen Eismeer an und gilt bis heute als verschollen. Benn aber nahm später einen Postdampfer nach New York, lernte dort eine reiche Schauspielerin kennen und heiratete sie noch im selben Jahr in München (Kummer 2013).

Alles jetzt und sofort? Präkrastination

Während die einen die Erledigung ihrer unangenehmen Aufgaben vor sich herschieben und prokrastinieren, tun die anderen das Gegenteil, sie präkrastinieren. Sie ertragen es nicht, unerledigte Dinge nicht sofort anzupacken. E-Mails müssen unverzüglich beantwortet werden, eine Reise wird gebucht, bevor sie sich mit dem Mitreisenden verständigt haben, und das berühmte Hamsterrad dreht sich unaufhörlich. Das Stress-Level steigt.

Ein Blick auf die To-do-Liste versetzt sie in Stress. Doch es gibt immer Dinge, die noch abgearbeitet werden müssen. Es ist eine Illusion, den Kopf freizubekommen, wenn man alles, was darin nach Erledigung ruft, abarbeitet. Auch im Arbeitsleben sind Kollegen, die ständig vorpreschen, nicht besonders beliebt. Was kann man tun? Informationen priorisieren, Mails nicht sofort bearbeiten, Aufgaben, die auch von anderen erledigt werden können, abgeben und Zeiten zum Abschalten einplanen.

Was können Sie tun?

* Ermitteln Sie, was Sie an der Aufschieberitis stört, und notieren Sie sich die Ergebnisse! Was könnten Sie mit welchem Aufwand trotzdem erledigen? Und wie gut fühlen Sie sich, wenn die Aufgabe erledigt ist?
* Wenn Sie die Bremsen im Erfahrungsgedächtnis nicht lockern können, rufen Sie Erfahrungen auf, in denen Sie nicht aufgeschoben haben. Denken Sie an diese Erfahrungen und versuchen Sie die Erfolge auch für die aktuelle Lage zu nutzen! Wir tun, was wir denken!
* Wenn Sie etwas aufschieben wollen, legen Sie eine medienfreie Pause ein, dann fällt die Erledigung der Aufgabe leichter.
* Wenn viele Gedanken durch Ihren Kopf gehen und Sie sich nicht auf die aktuelle Aufgabe konzentrieren können, schalten Sie die Störenfriede, Smartphone et cetera, einfach aus.
* Und wenn Sie Ihre Aufschieberitis lieben, ändern Sie nichts und denken Sie an die Redewendung: Aufgeschoben ist nicht aufgehoben! Darauf können Sie sich dann freuen!

4.8 Neuropsychologische Wege, um sich und andere zu verändern

»Ein zeitlebens lernfähiges Gehirn ist auch lebenslänglich veränderbar.«

Gerald Hüther (1951), Neurowissenschaftler*

Wir wollen andere ändern, andere sind dabei, uns verändern zu wollen, und manchmal sind wir sogar bestrebt, uns selbst zu verändern. Nichts ist so beständig wie der Wandel. Doch wohl jeder hat erlebt, dass Veränderungen entweder gar nicht oder nur vorübergehend gelingen. Als Tiger gestartet, landet das Vorhaben häufig als Bettvorleger. Wie Silvester – tolle Vorsätze, grandioses Scheitern.

Auch das Arbeitsleben kennt eine Konstante: die Veränderung. Ein Verkäufer versucht, den Kunden zu einer Verhaltensänderung, sprich Kauf, zu bringen, der Vorgesetzte ist bemüht, seine Mitarbeitenden in eine bestimmte Richtung zu bewegen, und in vielen Unternehmen steht Change auf der Tagesordnung. Die Anpassung an veränderte Marktverhältnisse erfordert ein »Denken in Veränderung«. Immer wieder jedoch scheitern Veränderungsvorhaben. Woran liegt das?

Dazu müssen wir etwas ausholen. In unserem Denkorgan vollzieht sich, wie der Neurowissenschaftler Gerhard Roth schildert, ein permanenter Prozess des Aufbaus, Umbaus und Abbaus, und damit auch eine Veränderung unserer psychischen und geistigen Existenz. Hirnforscher gehen davon aus, dass »jegliche psychisch-geistige Veränderung einschließlich der Eigenschaften unserer Persönlichkeit und unseres Verhaltens – so komplex diese auch sein mag – mit einer Veränderung unseres Gehirns verbunden ist« (Roth 2019a).

Und auch der Neurobiologe Gerald Hüther betont die umfassende Veränderbarkeit unseres Oberstübchens: »Nichts im Hirn bleibt so, wie es ist, wenn es nicht immer wieder so genutzt wird wie bisher. Und nichts im Hirn kann sich weiterentwickeln und zunehmend komplexer werden, wenn es keine neuen Aufgaben zu lösen, keine neuen Anforderungen zu bewältigen gibt.« (Hüther 2016)

Die unaufhörliche Veränderbarkeit unseres Denkapparates bildet nicht nur die Grundlage für lebenslanges Lernen, sondern auch für Änderungen der Denkrichtung, des Verhaltens und der Vorhaben. Doch das ist alles andere als einfach.

So paradox es an dieser Stelle klingen mag, das Gehirn will keine Veränderung! Es muss mit Energie haushalten, denn etwa zwanzig Prozent der vom Organismus bereitgestellten Energie nutzt das Gehirn, auch wenn es so erscheint, als ob es nichts tut. Und wer in seinem Leben etwas verändern will, verschafft unserem Denkapparat eine Menge Arbeit. Wenn der Mensch also eine Veränderung in Gang setzen möchte, kostet es Kraft und Energie. So wird auch verständlich, dass der Widerstand gegen Veränderungen weitverbreitet ist. Das Beharrungsvermögen ist oftmals stärker als der Wille, gewohnte Pfade zu verlassen. Das heißt aber nicht, dass der Mensch den Prozessen seines Körpers willenlos ausgeliefert ist.

Die Welt in Unordnung

Machen wir einen Abstecher zu den globalen Veränderungen! Wir erleben derzeit eine Multikrise. Darauf verweist der Ethnologe Christoph Antweiler im Rahmen eines Symposiums von Kortizes – Institut für populärwissenschaftlichen Diskurs (2023). Das betrifft das Klima, Böden, Meere, Pflanzen, Tiere und geochemische Stoffkreisläufe, die durch menschliches Handeln empfindlich zerstört oder negativ beeinflusst wurden. Die Effekte des Menschen, ungebremste Rohstoffausbeute, umfassende Betonierung riesiger Landschaften, zunehmende Monokulturen und weitere Eingriffe in die Natur, bestimmen die globale Realität.

Während Archäologen bislang die Erdzeitalter in Millionen von Jahren angeben, ist seit 1950 eine so starke Beschleunigung der räumlichen und zeitlichen Veränderungen eingetreten, dass wir nun im Zeitalter des Anthropozän, dem Zeitalter der Menschen, leben. Eine Lösung dieser Problematik sieht Antweiler darin, die Treiber der Klimakrise zurückzudrängen und sich von der Wachstumsideologie zu verabschieden.

Wo wir auch hinschauen: Veränderungsdruck

Diese epochalen Veränderungen, die viele Menschen beunruhigen, beeinflussen auch unser Denken und Handeln. Veränderungen sind für die meisten Menschen heutzutage der Normalzustand. Ein Leben ohne permanente Änderungen ist für viele kaum noch denkbar. Die Menschen stehen dieser Entwicklung allerdings ambivalent gegenüber. Sie sind einerseits vom technologischen Fortschritt fasziniert, andererseits ist es für viele schwer, damit Schritt zu halten und offen für Änderungen zu sein.

Hinzu kommen Inflation, Werteverfall, Kriege und gesellschaftspolitische Wandlungen, die den Menschen zu schaffen machen. Umbrüche, Fortschritte und Widerstände drängen bewährte Erfolgsmuster zurück und führen zu einem beschleunigten Veränderungsdruck.

Einer, der diese Entwicklung beschreibt und Strategien gegen die rasant um sich greifenden Verwandlungen unseres Lebens entwirft, ist Konrad Stadler. Er hat sich in seinem Buch »Veränderungsbewusstsein – Eine Anleitung zum neuen Umgang mit dem Wandel« mit dem Thema beschäftigt. Der Autor berät seit vielen Jahren internationale Konzerne und mittelständige Unternehmen bei Veränderungsprozessen.

Vor diesem Hintergrund tiefgreifender Veränderungen, so Stadler, befindet sich die industrialisierte Welt in einem Steigerungsdenken, das heute an sein Ende gelangt. Viele Zeitgenossen sind verunsichert. Wie kommt man aus dieser Spirale der Verunsicherung heraus? »Mit den Mitteln der Reflexion, der Analyse, des Lernens, der Kommunikation und der Kooperation kann der Mensch auch auf schwierige Fragen Antworten finden« (Stadler 2021: 27).

»Wandel ist wie Wandern«, bemerkt der Autor, und eine Strategie besteht darin, sich auf die Veränderungen einzustellen, denn Unruhe und Instabilität sind ohnehin die Treiber des Lebens (ebenda: 28).

Veränderungen berühren das Sicherheitsbedürfnis. Wer aber stehen bleibt und Veränderungen ignoriert, läuft Gefahr, »seinen Platz in der Sozialordnung zu verlieren« Stadler 2021). Wir kommen nicht umhin, uns auf Veränderungen einzustellen und uns an die äußeren Umstände anzupassen. Wer etwas verändern will, sollte sein routiniertes Verhalten überprüfen und gewohntes Handeln ändern. Die verinnerlichten Aktivitäten, Hirnforscher sprechen von Körpergedächtnis, sind schwer zu ändern. Das lässt sich nur durch hartnäckiges Training korrigieren.

»Nicht selten lösen Veränderungen Unsicherheit und Angst aus. Doch es ist möglich, die Angst zu entmachten. Man kann sich ihr kraftvoll entgegenstellen und sie abschmettern. Oder man lernt, wie man sie ins Leere laufen lässt. Beides geht, nach und nach.« (Ebenda: 30)

Wie Antweiler kommt auch Stadler zu dem globalen Lösungsvorschlag: Die Menschen müssen sich von der Wachstumsideologie verabschieden. Der Raubbau an der Natur durch ökonomische Motive mag kurzfristig erfolgreich sein. Langfristig ist die Zerstörung unserer Ressourcen teuer. Die Veränderungsblindheit nationaler und internationaler Institutionen muss zugunsten einer der Natur angepassten Wachstumsideologie zurückgedrängt werden. Kehren wir nun zurück zu unserem persönlichen Bereich.

Was können wir tun, um andere zu verändern?

Hier schlägt der Neurowissenschaftler Gerhard Roth drei Strategien vor: der Befehl von oben, der Appell an die Einsicht und die Orientierung an der Persönlichkeit.

Den Befehl von oben kennen wir meistens aus dem Berufsleben vonseiten der Vorgesetzten. Es ist die schnellste, einfachste und am häufigsten praktizierte Strategie. Oft handelt es sich um eine neue Ausrichtung des Unternehmens, die von oben nach unten implementiert werden muss. Der Befehl oder die Anordnung von oben ist oft auch mit Androhungen von Sanktionen oder anderen zu erwartenden Nachteilen verbunden.

An den Verstand und die Einsicht zu appellieren, funktioniert nur, wenn positive Emotionen damit verknüpft werden und keine negativen Gefühle wie Furcht, Angst und Stress vorhanden sind. Denn die Amygdala, der Hypothalamus und der Nucleus accumbens haben in dieser Situation die Macht im Gehirn übernommen. »Es ist deshalb falsch zu glauben, ein bloßer Appell an die Einsicht könne irgendetwas bewirken«, schreibt Roth (2019b).

Gegen diese Übermacht ist unser Wille im wahrsten Sinne des Wortes machtlos!

Die Orientierung an der Persönlichkeit ist die schwerste, aber wirksamste Maßnahme, um bei anderen Menschen eine Veränderung anzustoßen. Jeder Mensch sucht sich Lebensumstände, die zu seiner Persönlichkeit passen. Andere zu verändern, erfordert zum einen, dass wir die individuelle Persönlichkeit eines Menschen kennen, zum anderen gelingt das nur, wenn wir die bestehenden Grenzen unter existierenden Bedingungen akzeptieren. Änderungen sind zwecklos, wenn sie aus dem Rahmen fallen.

Wie können wir uns selbst verändern?

Es ist, wie jeder erfahren hat, nicht leicht, sich selbst zu verändern. Unser Verhalten ist routiniert und felsenfest in unserer Persönlichkeit verankert, sodass Veränderungen kaum möglich sind. Wie kann es trotzdem gelingen? Wir können leuchtende Vorbilder auswählen oder uns selbst belohnen. Vorfreude ist, so Roth, unser stärkster Motivator. Allerdings wird der Motivationseffekt verpuffen, wenn die Belohnung zu stark ausfällt. Es ist wichtig, sich die Verhaltensänderung und die Belohnungserwartung geistig vorzustellen. Menschen sind nur bereit, sich zu verändern, wenn sie sich davon eine Belohnung versprechen. (Roth 2019c)

An bewährten Verhaltensmustern festzuhalten, ist keine Strategie der ewig Gestrigen. Solche Muster vermitteln das Gefühl von Sicherheit und Geborgenheit und reduzieren die Angst vor der Zukunft. »Die Ausbildung von Gewohnheiten und Routinen und das Festhalten an ihnen entlastet auch unser Gehirn kognitiv, und dies ist ebenfalls eine starke Belohnung.« (Ebenda). Allerdings funktioniert das nur, wenn die Veränderungen stärker belohnen als das Festhalten am Bestehenden.

Vielleicht sollten wir auch so vorgehen wie Künstler, die eine Ideenskizze anfertigen: der Maler skizziert das neue Gemälde zunächst mit dem Stift, der Komponist beginnt die Komposition mit einem melodiösen Summen und Schriftsteller tasten sich an ihr Werk heran, indem sie Stichworte notieren.

Wie könnte das für uns aussehen? Wie oben bereits angedeutet, ist es besonders wirksam, sich Ziele zu setzen, die in kleine Portionen aufgeteilt sind und häppchenweise »genossen« werden können. So wird eine Überbeanspruchung vermieden und das Gehirn hat die Möglichkeit, ein neues Netzwerk zu knüpfen.

Ziele sind wichtig, können aber auch tückisch sein

Psychologen und Hirnforscher betonen ausdrücklich, dass ein Vorsatz mit einem konkreten Ziel verknüpft und mit einer konkreten Handlungsanweisung verbunden sein muss. Nicht nur in der Silvesternacht, auch ganzjährig planen manche Mitmenschen, mehr Zeit für die Familie zu haben, einige Pfunde abzunehmen oder mehr Sport zu treiben. Das sind unkonkrete und unrealistische Ziele, die deshalb auch oftmals scheitern. Und »der Konstruktionsfehler«, so betont Stefan Frädrich, Coach, Seminarentwickler und Gründer der Plattform Creator, »sind die Ziele selbst. Denn wichtiger als das Ziel ist das Verhalten, das zum Ziel führt.« (Frädrich 2023) Ein einfaches Beispiel: Wir wollen fünf Kilo abnehmen und das gelingt uns auch. Wir verzichten auf unsere geliebte Pizza oder das schmackhafte Sahnetörtchen. Die Pfunde purzeln. Ist das Ziel erreicht, kreisen unsere Gedanken um unsere Lieblingsspeisen und wir meinen, dass wir nun wieder schlemmen können. Es dauert nun nicht lange und wir nehmen erneut zu. Der Jo-Jo-Effekt lässt grüßen!

Doch hinter den gesetzten Zielen bitten tief sitzende Grundmotive um Beachtung: wir wollen attraktiv sein, anerkannt und gemocht werden. »So werden Ziele zu Krücken kreativer Vermeidung.« (Ebenda: 18) Eigentlich haben viele Menschen schlichtweg keine Lust, das gesteckte Ziel oder besser den Weg dorthin zu erreichen. Für die inneren Bedürfnisse sind Ziele unbedeutend. Starre Pläne stören die Zielerreichung. Der Rückfall in »bewährte« Gewohnheiten ist programmiert. Bis zur nächsten Gelegenheit, die Ziele erneut anzustreben.

Die drei Grundregeln der Veränderung

»Ideen setzen sich dann durch, wenn sie mit den Grundmotiven des menschlichen Denkens in Einklang stehen?«, so der Neurowissenschaftler Henning Beck. Und die wichtigsten Triebfedern des menschlichen Denkens sind: das Streben nach Freiheit, das Streben nach Ergebnissen, das Streben nach sozialer Anerkennung.« (Beck 2023) Und diese Grundmotive müssen auch beachtet werden, wenn Veränderungen gelingen sollen.

Streben nach Freiheit: Wir wollen handlungsbestimmend sein. Wenn uns jemand vorschreiben will, wie wir uns verhalten sollen, lehnen wir dies erst mal ab. Es ist zwingend erforderlich, die Hürde der Reaktanz zu überwinden, denn nur so können wir frei entscheiden! Für unseren Denkapparat ist entscheidend, dass wir uns selbst etwas erarbeitet und nicht einfach nur erhalten haben. Das heißt, dass wir Veränderungen nur durchsetzen können, wenn Freiheit und Individualität vorhanden sind. Aus diesem Grund ist es auch aus neurowissenschaftlicher Sicht erfüllender, in einem Wettkampf zu siegen als in einem Glücksspiel nur zu gewinnen.

Streben nach Ergebnissen: Es zählt zu den Antrieben des Menschen, besser zu werden. »Wir alle wollen unser gestriges Ich schlagen, niemand steht morgens auf und sagt sich: »Heute möchte ich nicht so gut sein wie vor einem Jahr.« (Beck 2023) Freiwillig lernen wir eine Fremdsprache, stärken unsere Muskeln in einem Fitnessstudio oder lernen, wie man fachgerecht Risotto kocht. Anschließend stellt sich ein Glücksgefühl ein. Auch im beruflichen Leben wollen wir gute Ergebnisse erzielen und dafür auch gelobt werden. Womit wir auch beim dritten Antreiber sind, der sozialen Anerkennung.

Streben nach sozialer Anerkennung: Ob im Beruf, bei der freiwilligen Feuerwehr oder bei einem ehrenamtlichen Engagement in der Gemeinde, vor allem mit einer sozialen Wertschätzung gelingt eine Veränderung. Wer sein Verhalten mit einem sozialen Status verbinden kann, ist eher bereit, sich nachhaltig zu verändern.

Buchtipp für Wissenshungrige

Gerhard Roth (2019): Warum es so schwierig ist, sich und andere zu ändern. Persönlichkeit, Entscheidung und Verhalten. Klett-Cotta, Stuttgart.

Was können Sie tun, wenn Sie eine andere Person verändern wollen?

Wenn Sie eine andere Person verändern wollen, müssen Sie mit Reaktanz, mit Widerstand rechnen. Von daher sollten Sie Ihr Vorgehen genau durchdenken. Wollen Sie eine andere Person zu einer Veränderung bringen und dies durch einen Appell an Vernunft und Einsicht durchführen, kann das gelingen,

* ... wenn positive Emotionen damit verknüpft sind.
* ... wenn Sie eine attraktive Belohnung anbieten (diese sollte stärker sein als das Festhalten an Gewohnheiten).
* ... wenn die Person in ihrer Vorstellung einen sehr nützlichen Gewinn erwartet.
* Wollen Sie einer anderen Person befehlen oder anordnen, etwas zu ändern, kann das in Verbindung mit einer Androhung von Sanktionen gelingen, die Änderung ist allerdings nicht nachhaltig.
* Wenn Sie eine Veränderung bei einem anderen anstreben und sich an der Person orientieren wollen, sollten Sie deren Lebensumstände kennen und darauf achten, dass die Veränderungen im Rahmen dieser individuellen Persönlichkeit möglich sind.

Was können Sie tun, wenn Sie sich verändern wollen?

Wer sich verändern will, sollte wissen, dass das Gehirn neue Aufgaben und Anforderungen benötigt. Alles so zu lassen, wie es ist, vermindert die Chance einer Veränderung.

- Wenn Sie sich verändern wollen, suchen Sie sich leuchtende Vorbilder, belohnen Sie sich bei Erfolg selbst oder versetzen Sie sich geistig in die Situation, die Sie anstreben. Freuen Sie sich auf die Vorfreude, sie ist ein starker Treiber.
- Achten Sie auch darauf, dass die Veränderung/Belohnung stärker ist als das Festhalten an Bestehendem.
- Setzen Sie sich konkrete Ziele in Verbindung mit eindeutigen Handlungsaufforderungen, möglichst aufgeteilt in kleine Schritte.
- Planen Sie nur Ziele, die im Rahmen Ihrer Möglichkeiten umsetzbar sind.
- Vermeiden Sie starre Pläne, deren Verwirklichung Sie nicht mögen oder die Ihnen eine starke Überwindung abverlangen.
- Achten Sie darauf, inwiefern die gesetzten Ziele Ihre Grundmotive berücksichtigen. Sie wollen sicherlich einen Rückfall vermeiden.

5

Die schönste Form des Gehirnjoggings: Gemeinsamkeit und Beziehungen

»Es sind Begegnungen mit Menschen, die das Leben lebenswert machen.«

Guy de Maupassant (1850–1893), französischer Schriftsteller und Journalist

5.1 Gemeinsam mehr erreichen

»Die stärkste Motivationsdroge für den Menschen ist der andere Mensch.«

*Joachim Bauer (*1951), deutscher Arzt, Universitätsprofessor für Psychoneuroimmunologie*

Gemeinsamkeit macht schlau! Wer soziale Beziehungen pflegt, tut Gutes für sein Gehirn. Beziehungen sorgen dafür, Gedächtnisinhalte abzuspeichern und sie später in Erinnerung zu rufen. »Wer sozial engagiert ist, viel reist oder sich mit Freunden trifft«, schreibt Martin Korte, »muss sich konzentrieren, kommunizieren und Entscheidungen treffen; dadurch werden die Nervenzellen im Stirnlappen permanent auf Trab gehalten«. (Korte 2019b)

Kommunikation: die Grundlage für Beziehungen

Gerade Kommunikation als eine der komplexesten menschlichen Tätigkeiten ist ein Festmahl für unser Oberstübchen. Denn Sprachareale nehmen einen großen Raum im Gehirn ein. Das zwischenmenschliche Verstehen geschieht zu einem großen Prozentsatz nonverbal. Das Gehirn muss Gefühle, Intentionen und Absichten nicht nur aus den Worten ablesen, sondern auch die Körpersprache decodieren. Die Äußerungen müssen analysiert werden inklusive dessen, was man durch andere Sinne wahrnimmt. Wer mit anderen kommuniziert, bleibt so länger leistungsfähig. Kaum zu glauben, die fruchtbaren Folgen der Kommunikation gelten auch für den inneren Monolog. »Unser ›innerer Monolog‹ ist für das Gehirn in Wirklichkeit ein ›echter Dialog‹. Unser ›ich‹ redet mit einem imaginären ›du‹. Bei diesem inneren Dialog simulieren wir eine soziale Situation – aus Sicht der Hirnforschung haben wir eine richtige, gepflegte (oder wütende) Konversation mit einer simulierten zweiten Person in unserem eigenen Kopf.« (Korte 2019b)

Oxytocin – das Beziehungshormon

»Oxytocin, das sogenannte Kuschelhormon, zählt zu den ›Sozialhormonen‹, das zu einem Star der Verhaltensforschung geadelt wurde.« (Spitzer 2020) Oxytocin spielt bei der zwischenmenschlichen Bindung eine wesentliche Rolle, es intensiviert an den Synapsen die Verknüpfung der Neuronen und fördert das Lernen in der Gruppe. Das ist vorteilhaft für die Motivation.

In zahlreichen Studien wurde gefragt, inwiefern Oxytocin tatsächlich in der Lage ist, uns beziehungsfähiger zu machen. Sind wir durch das Hormon eher bereit, zwischenmenschliche Kontakte einzugehen? »Es scheint, dass uns Oxytocin im Wahrnehmen von Gefühlen präziser machen kann. Nicht nur, dass sich Vertrauen und das präzisere Wahrnehmen von Gesichtsausdrücken durch den Wunderstoff verbessern lassen, auch die Bindungsbereitschaft nimmt unter Oxytocin kurzfristig zu.« (Spitzer 2020)

Was bisher vorwiegend aus der Psychologie bekannt war, wird nun von harten Fakten der Hirnforschung bestätigt und teilweise ergänzt. Unser Gehirn ist kein Datenspeicher, sondern ein Sozialorgan. Gemeinsam können wir mehr erreichen. Das bedeutet, die Mitmenschen auch auf der emotionalen Ebene zu begleiten, ihnen mit Respekt und Verständnis zu begegnen und miteinander verständnisvoll zu kommunizieren. Der reduzierte Blick auf die eigenen Belange kann so manches Vorhaben scheitern lassen.

Umgekehrt bedeutet das, darauf zu verzichten, Andersdenkende auszugrenzen, abzukanzeln, verbal oder körperlich zu bekämpfen oder für ihr Verhalten zu bestrafen. Mit strafenden Abwertungen wird das gleiche Gehirnareal aktiviert wie bei einem körperlichen Schmerz. Evolutionsbiologisch erklärbar war der Verlust an Zugehörigkeit in der Steinzeit lebensbedrohlich, heute führt eine abwertende Behandlung zu sozialem Stress oder gar zu einem Burn-out. Die Isolation von der Gruppe war zu allen Zeiten überall auf der Erde eine schmerzhafte Strafe. Damit wird im Umkehrschluss bestätigt, dass Gefängnis oder andere Haftstrafen für unser soziales Organ schädlich sind.

Alleinsein macht krank!

Soziale Isolation, die auch durch den Abbau der Großfamilie gefördert wurde, ist ein hoher Risikofaktor für schnelles Altern des Gehirns. Das Risiko, an Alzheimer zu erkranken, ist durch das Alleinsein erhöht. Das haben einige Alzheimer-Untersuchungen eindeutig belegt.

»Kognitive Funktionen bleiben am besten erhalten, wenn man zeitlebens – auch im Alter – viele soziale Beziehungen pflegt. Das Alzheimer-Risiko kann deutlich vermindert werden, wenn Menschen viel reisen, einem Verein angehören oder einen großen Freundeskreis haben; und sogar, wenn sie karitativ tätig sind – das Leben ist eben doch gerecht. Neurobiologisch lässt sich das so erklären: Gerade soziale Beziehungen beanspruchen eine große Palette an kognitiven Funktionen, die das Gehirn und vor allem den Stirnlappen aktivieren, was, [...] die neuronale Lebensdauer und die Vernetzung von Neuronen verbessert.« (Korte 2019c)

»Jeder von uns kann einen Beitrag leisten: Wer demnächst einen allein dastehenden älteren Menschen am Straßenrand sieht, sollte ihn vielleicht einfach fragen, ob er über die Straße möchte – selbst wenn das nicht der Fall ist, freut sich fast jeder über eine kurze Ansprache, den Kontakt und die Aufmerksamkeit. Und auch für uns selbst gilt, was mehrere Studien herausgefunden haben: Wir sind umso zufriedener, je mehr uns am Wohl anderer Menschen liegt – und das Alzheimer-Risiko senkt es auch noch.« (Ebenda)

Es ist nicht wichtig, ein möglichst umfangreiches Beziehungsgeflecht aufzubauen. Intensive Beziehungen zu einzelnen Menschen, die verschiedene Gedanken, Erfahrungen und Erlebnisse mitbringen, bereichern den Kontakt um einen wertvollen Erfahrungsschatz.

Die wichtigste Empfehlung von Networkingexperten und Therapeuten lautet: Beziehungen müssen aufgebaut werden, bevor man sie braucht. Sie gelingen besser, wenn man eine Vorleistung bringt, so entsteht Vertrauen. Immer wieder verblassen Beziehungen. Wer sie erhalten will, sollte sie durch Kontakte pflegen.

Beziehungen im digitalen Umfeld

Es hat nur wenige Jahrzehnte gebraucht, um unsere zwischenmenschlichen Beziehungen aufgrund einer umfassenden Nutzung digitaler Medien zu verändern. Und das beginnt schon früh im Leben eines Menschen. »Wie stark sich die digitale Mediennutzung von Erziehungsberechtigten schon auf Vorschulkinder auswirkt, zeigt auch die folgende Studie, für die knapp zweihundert Eltern-Kind-Beziehungen über sechs Monate beobachtet wurden: Je mehr Zeit Eltern an Bildschirmen verbrachten, umso aggressiver und unruhiger waren ihre zweijährigen Kinder. Vermutlich, um die Aufmerksamkeit der Eltern zu gewinnen.« (Korte 2023e)

Früher traf man sich irgendwo, um eine Beziehung zu fördern. Heute geht das online. Liebesbeziehungen oder Freundschaften finden wie selbstverständlich auch online statt. Doch ohne eine Verankerung im Leben sind diese Verbindungen viel instabiler. Der digitale Mensch ist ein viel weniger zuverlässiger Partner und Freund. Studien haben gezeigt, dass reine Onlinebeziehungen selten existieren, vielmehr kennt man sich aus dem realen Leben bereits oder lernt sich rasch in der Wirklichkeit kennen. Weiterhin wurde herausgefunden, dass bei Onlinegesprächen deutlich weniger Informationen ausgetauscht werden. Einen Vorteil hat die digitale Welt aber: Es fällt uns leichter, in Kontakt zu treten und uns auf Beziehungen einzulassen. Wahrscheinlich haben wir weniger Verlustängste und weniger die Befürchtung, verletzt zu werden.

Für die mentale Fitness gilt aber natürlich, dass digitale und reale Bindungen gut für uns sind. Sie regen nicht nur die grauen Zellen an, sondern tragen auch zur generellen Zufriedenheit bei, weil jede Beziehung auf das uns innewohnende psychologische Grundbedürfnis nach Zugehörigkeit und Bindung einzahlt. Reale Bindungen haben aber mehr Impact, da sie mehr Sinne ansprechen und typischerweise tiefergehender Natur sind.

Was können Sie tun?

* Pflegen Sie soziale Kontakte. Gehen Sie auf Reisen, schließen Sie sich Gruppen an und betätigen Sie sich aktiv in Vereinen et cetera.
* Begleiten Sie Ihre Mitmenschen auch auf der emotionalen Ebene. Äußern Sie ihnen gegenüber Verständnis, vermitteln Sie Wertschätzung und seien Sie respektvoll.
* Bieten Sie hilfsbedürftigen Menschen Ihre Hilfe an, sprechen Sie diesen Personen Anerkennung aus und bleiben Sie aufmerksam.
* Es ist nicht wichtig, möglichst viele Freunde zu gewinnen. Achten Sie mehr auf persönliche Nähe und Qualität der Beziehung.
* Gewinnen Sie Freunde, bevor Sie diese nötig haben, Vorleistungen werden mit Vertrauen belohnt.
* Wenn Sie Online-Kontakte vertiefen wollen, streben Sie persönliche Treffen in der »Wirklichkeit« an. Online-Beziehungen sind oft oberflächlich.

5.2 Richtig gesagt ist richtig verstanden?

»Das Menschlichste, was wir haben, ist doch die Sprache, und wir haben sie, um zu sprechen.«

Theodor Fontane (1819–1898), deutscher Schriftsteller

Auch wenn sich manche hinter ihrem Schreibtisch verschanzen und »keine Zeit« für Gespräche aufbringen, Kommunikation ist das Schmiermittel, das beruflich und im Alltag jede Beziehung am Laufen hält. Meetings, Besprechungen, persönliche Gespräche, Telefonate ... es wird viel geredet. Sagen, reden, plappern, schwatzen, schwafeln, plaudern, mitteilen, kundtun, weitertragen, übermitteln, erklären, erörtern ... es gibt offenbar eine schier endlose Zahl von Wörtern für das, was wir unentwegt tun: Sprechen. Wir sprechen mit Worten. Der aktive Wortschatz eines Durchschnittsdeutschen besteht aus etwa zwölf- bis sechzehntausend Wörtern.

Missverständnisse begleiten uns

Doch Fallstricke und Stolpersteine begegnen uns nahezu überall. Sie gehen mit besten Absichten in ein Gespräch, Sie stellen eine harmlose Frage und Ihr Gesprächspartner reagiert gereizt, die Stimmung kippt. Ein Missverständnis? Kollege Meier erhält eine Frage, die er nicht beantworten kann, was in seinen Augen eine Schwäche ist. Deshalb gibt er eine mehrdeutige Antwort und schickt damit ein Missverständnis auf den Weg. Missverständnisse sind schnelle Fahrstühle in den Konflikt. Die meisten Konflikte beginnen mit einem Missverständnis.

Wenn Menschen miteinander kommunizieren, entsteht eine Beziehungsdynamik, die positive oder negative Folgen haben kann. Beispiel: »Ist Herr Müller aus dem Marketing schon über das Projekt XY informiert?«, so der Chef zu seinem Mitarbeiter. Was ist gemeint? Will er lediglich eine Antwort, verbirgt sich hinter der Frage die Aufforderung, Herrn Müller zu informieren, oder ist das ein Hinweis wie etwa: »Immer muss ich bei Ihnen alles kontrollieren!«? Wir erinnern uns an das Modell von

Friedemann Schulz von Thun: jede Äußerung enthält vier Botschaften: eine Sachinformation, eine Selbstauskunft, einen Beziehungshinweis und einen Appell. Das Kommunikationsquadrat, ebenfalls von Schulz von Thun entwickelt, ist das Pendant aus Sicht des Empfängers der vier Seiten einer Nachricht.

Wie lassen sich Missverständnisse vermeiden? Wer eine Aussage trifft, wie etwa im obigen Beispiel, sollte sich klar und unmissverständlich äußern. Gerade in Zeiten, in denen wir schneller, häufiger und vielleicht auch oberflächlicher kommunizieren, verbessern Klarheit und Präzision die Beziehungen. Auch der Mitarbeiter kann etwaige Missverständnisse aus dem Weg räumen, indem er versucht, die gemeinte Ebene durch Fragen zu erfassen: »Wenn ich Sie richtig verstehe, ...«.

Klare Aussagen und Nachfragen sind das eine. Ein wesentlicher Aspekt kommt hinzu: Menschen sind unterschiedlich, andere gibt es nicht. Wenn Menschen miteinander kommunizieren, trifft jede Information auf die Biografie des Gesprächspartners. Jeder Mensch verfügt über unzählige, in ihrer Mischung einzigartige Erfahrungen, die eine unterschiedliche Bedeutung haben können. Deshalb muss nicht alles, was gesagt wird, auch so verstanden werden. Wir kennen das Zitat von Konrad Lorenz, das sinngemäß lautet: Gesagt ist nicht gehört, gehört ist nicht verstanden, verstanden ist nicht einverstanden ... Die Wirkung von Kommunikation entscheidet sich im Kopf des anderen. Das Gehirn bewertet Aussagen weder rein emotional noch ausschließlich rational, sondern vorwiegend vor dem Hintergrund der eigenen Erfahrungen.

Recht verbreitet ist das Kommunikationsmodell der beiden US-Wissenschaftler Shannon und Weaver. Demnach gibt es einen Sender, der eine Nachricht codiert, und einen Empfänger, der die Nachricht decodiert. Aus neurobiologischer und psychologischer Sicht ist dieses mechanistische Modell völlig ungeeignet, menschliche Kommunikation zu erklären. Ein gravierender Fehler liegt in der Annahme, dass die beiden Gehirne, das des

Senders und das des Empfängers, über einen wie auch immer gearteten Kanal miteinander verbunden sind, durch den man Informationen leiten kann.

Gehirne sind jedoch autonom arbeitende Systeme, die ausschließlich interne Signale miteinander verrechnen. Sie haben keinen direkten Kontakt nach außen, sondern sie erhalten ihre Nervenimpulse von den Sinnesorganen. Das Gehirn kommuniziert nicht mit dem Gehirn einer anderen Person, es ist nur mit sich selbst beschäftigt. Alles, was wir wahrnehmen, wird immer auf der Basis dessen, was wir kennen, interpretiert und mit dem Inhalt unseres Gedächtnisses verglichen. Hier liegt oft ein wesentlicher Keim für Missverständnisse, wenn aufgrund unterschiedlicher Erfahrungen unterschiedlich interpretiert wird.

Emotional intelligent kommunizieren

Ist die Sprache die Quelle aller Missverständnisse? Kommunikation an sich ist schon unzureichend und kann missverstanden werden. Versuchen Sie einmal Folgendes: Stellen Sie sich mit einer Person Rücken an Rücken, sodass Sie beide sich nicht sehen können. Und nun sagen Sie Ihrem Partner, wie er ein Blatt Papier falten soll, und dann noch einmal, insgesamt neunmal hintereinander. Alles nur mit Ihren Worten. Sie beide werden über das Ergebnis, ein kleines zusammengefaltetes Missverständnis, staunen!

Sprache ist grundsätzlich mehrdeutig, und das Verstehen von Sprache ist die Auflösung ihrer Mehrdeutigkeit durch den Zuhörenden. Neben sprachlichen Äußerungen kommunizieren wir allerdings auch durch Mimik, Gestik, Blickverhalten und Stimmungslaute, womit das Verstehen vervollständigt wird. Durch die Körpersprache werden etwa zwei Drittel einer Mitteilung transportiert, durch Sprache lediglich etwa sieben Prozent.

Auch wenn die Bedeutung von Worten unterschiedlich interpretiert werden kann, führt Kommunikation nicht automatisch in ein Missverständnis. Wir ticken zwar nicht identisch, aber doch weitgehend ähnlich. Menschen, die etwas Gemeinsames unternehmen, weisen verblüffend ähnliche neuronale Aktivitätsmuster auf. Gefühle und Stimmungen anderer Menschen werden beim Empfänger zum Erklingen gebracht. »Wer mitfühlt«, so Christian Keysers, »empfindet nicht das, was der andere fühlt, sondern das, was er selbst in der Situation empfinden würde.« (Keysers 2011) Sind Ihnen im Kino schon einmal die Tränen geflossen? Haben Sie beim Anblick einer Verletzung eines anderen geglaubt, selbst die Schmerzen zu spüren? Waren Sie schon einmal dabei, wie ein Kollege zusammengestaucht wurde, und haben Sie regelrecht mitgefühlt? Das ist Empathie. Empathische Aktivität wird verstärkt etwa in der Mutter-Kind-Beziehung oder bei einer Gruppenzugehörigkeit, sie wird gedrosselt, etwa wenn das Gegenüber einer »konkurrierenden Gruppe« angehört. »Das menschliche Überleben«, meint Tania Singer, »hängt von der Fähigkeit ab, innerhalb eines sozialen Kontextes effektiv zu funktionieren.« (Singer 2022)

Das Gehirn, unser soziales Organ

Das Gehirn ist ein soziales Organ und Kommunikation löst immer Emotionen aus. Der Arbeitsplatz ist oft ein Minenfeld negativer Gefühle. Druck wird ungefiltert weitergegeben, Menschen fühlen sich unzureichend informiert, Lob entfällt oder wird nur selten geäußert. Chronischer Stress und ein Übermaß an Ablenkung setzen die rationale Gefühlskontrolle außer Kraft, Cortisol wird ausgeschüttet und die für Emotionen zuständige Amygdala, der Gefahrenriecher, übernimmt die Kontrolle. Die Interaktion mit anderen ist erheblich gestört, das Verständnis füreinander bleibt auf der Strecke. Es ist paradox. Empathie und damit auch emotionale Intelligenz fehlen häufig dort, wo wir sie am meisten benötigen: in der Berufswelt.

Emotional intelligente Kommunikation setzt den Willen zum bewussten Lernen voraus, benötigt die Fähigkeit und Bereitschaft, sich auf die Gedanken, Gefühle und Bedürfnisse des Gesprächspartners zu konzentrieren, und bedeutet, die Aufmerksamkeit mit anderen zu teilen. Kommunikation gelingt dann am besten, wenn sie in einem persönlichen Gespräch erfolgt, wenn die Gesprächspartner sich ernst nehmen und einander respektvoll behandeln. »Menschen«, so Markus Hornung, »sehnen sich nach nichts mehr, als danach, verstanden zu werden.« (Hornung 2018)

Buchtipp für Wissenshungrige

Patrick Rottler und Leo Martin (2021): Die geheimen Muster der Sprache. Redline Verlag, München.

Was können Sie tun?

* Nehmen Sie sich Zeit für Gespräche.
* Kommunizieren Sie möglichst auf der Ebene Ihres Gesprächspartners mit ähnlichen und einfachen Worten.
* Wenn ein Gesprächspartner sich missverständlich ausdrückt, fragen Sie nach (»Habe ich Sie richtig verstanden, dass ...«) oder verbalisieren Sie (»Wenn ich Sie richtig verstanden habe, meinten Sie ...«).
* Wir kommunizieren auch mit unserem Körper. Beachten Sie bei sich und Ihrem Gegenüber Mimik, Gestik und Körperhaltung. Die Körpersprache trägt zum Verstehen bei.
* Führen Sie mit den Menschen in Ihrer Umgebung immer wieder Gespräche, sie sind der Klebstoff für Beziehungen.
* Sprechen Sie Ihr Gegenüber emotional an, denn Gefühle entscheiden über die Bewertung Ihrer Aussage.

5.3 Die andere Seite von Gemeinsamkeit: Konflikte erkennen und lösen

»Nur im Widerstreit gegensätzlicher Meinungen wird die Wahrheit entdeckt.«

Claude Adrien Helvetius (1715 – 1771), französischer Philosoph

Jeder kennt sie, keiner mag sie: Konflikte (lateinisch »confligere« – zusammentreffen, kämpfen). Zoff im Büro, Grabenkämpfe zwischen Abteilungen, kalte Streitereien unter Nachbarn und Beziehungsprobleme. Konflikte gehören zum Alltag wie der Donner zum Gewitter. Bleiben sie ungelöst, verringern sie die Zuneigung, nagen an jeglicher Motivation und kosten oft auch Geld.

Augen auf: die Anfänge sind immer gleich

Viel zu häufig werden Konflikte nicht frühzeitig erkannt, unter den Teppich gekehrt oder geleugnet. Doch eines ist sicher: Wer den Kopf in den Sand steckt, knirscht bald selbst mit den Zähnen. Denn die Annahme, dass sich Konflikte von allein lösen, ist so unrealistisch wie ein Schneegestöber in der Sahara.

Die meisten Konflikte beginnen klein. Oft ist es eine Lappalie, die den Beginn markiert. Eine unachtsam geäußerte negative Bemerkung oder eine abwertend empfundene Geste, vor allem aber Missverständnisse sind es, die Konflikte auslösen können. Sie entstehen, weil Sender und Empfänger mit der Botschaft auf einen unterschiedlichen Erfahrungshintergrund blicken, die Bedeutung der Aussage demnach verschieden ist. Störungen sind selten rein sachlicher Natur, sie sind überwiegend an Personen gebunden und emotional. Bei nahezu jedem Konflikt geht es um unbefriedigte Bedürfnisse nach Anerkennung, Sicherheit oder Wertschätzung.

Wenn diese menschlichen Grundbedürfnisse missachtet werden, was im privaten oder beruflichen Bereich viele beklagen, wird – neurobiologisch betrachtet – ein archaisches Verhaltensprogramm ausgelöst: erstarren, fliehen oder kämpfen. Kampf führt zu einem Verlust an Einfühlungsvermögen, vermindert Leistungsbereitschaft oder schwächt das Verständnis untereinander.

Der Konfliktforscher Friedrich Glasl (2011) hat ein Eskalationsmodell erstellt, das zeigt, wie sich Konflikte entwickeln. Der österreichische Wissenschaftler hat es treffend auf den Punkt gebracht: Am Anfang hat man noch einen Konflikt, später hat einen der Konflikt.

Konflikte wachsen in Stufen

An welchen Symptomen erkennen wir die Konfliktstufen nach Glasl? Auf der ersten Stufe – »Verstimmung, Verärgerung, Verhärtung« – wird eine Meinungsverschiedenheit mit negativen Emotionen verknüpft. Das geschieht bei Personen, die ihr aufkeimendes Spannungsverhältnis mit abwertenden Sätzen kommentieren. Das stört, wird von anderen als Ärgernis empfunden und vermindert die Unbefangenheit. Es wird kälter!

Wenn eine zunehmende Polarisierung, Schwarz-Weiß-Malerei und emotional gefärbte Streitereien auftreten, haben wir es mit der Stufe zwei – »Debatte, Streit, Polemik« – zu tun. Das Klima wird rauer, die Parteien nehmen eine rigorosere Haltung ein, und in die Auseinandersetzung mischt sich ein zurechtweisender und belehrender Ton. Ein »Wettkampf um Überlegenheit« beginnt. Die Beteiligten sind zwar noch an einer Lösung der Auseinandersetzungen interessiert, aber negative Erwartungen an die Zukunft lassen sie zweifeln.

Auf der dritten Stufe – »Taten statt Worte« – wird aus den Zweifeln Gewissheit: weitere Diskussionen lohnen sich nicht. Nun gilt es, die Sache selbst in die Hand zu nehmen. Man versucht, mit einseitig vollendeten Tatsachen die Gegenseite unter Druck zu setzen. Die Macht des Faktischen erweist sich als Konfliktbeschleuniger und verbale Attacken gehen in einen Machtkampf über. Durch das Fehlen jeglicher Kommunikation sind die Parteien auf Interpretationen angewiesen, die auf dürftiger Basis getroffen werden und von daher oft fehlerhaft sind. Man hat sich nun selbst in einen Deutungskäfig gesperrt, aus dem es aus Angst vor Gesichtsverlust kaum ein Entrinnen gibt.

Die darauffolgenden Stufen sind gekennzeichnet durch massiven Druck und offene Drohungen. Es besteht nur noch das Ziel, dem Feind zu schaden, ein totaler Krieg mit Vergeltungsschlägen beginnt. Wut, Hass und Rache sind die bestimmenden Gefühle. Konflikte auf den letzten Stufen lassen sich nur noch durch einen Machteingriff beenden.

Es geht anders: Konflikte führen und lösen

Nicht jede Meinungsverschiedenheit allerdings ist ein Konflikt. Kleine Reibereien oder humorvolle Sticheleien sind tolerierbar, solange die Beteiligten respektvoll miteinander umgehen, ihre persönliche Beziehung spannungsfrei gestalten und grundsätzlich an einer sachlichen Konsensbildung interessiert sind. Erst wenn bei vermeintlich harmlosen Themen die Gegenspieler heftige Emotionen zeigen, die Diskussion durch Vorwürfe und Rechthaberei geprägt ist und es zu einer deutlichen Stimmungsverschlechterung kommt, sprechen wir von einem Konflikt.

Was kann man zu Beginn tun? Konflikte haben die unangenehme Eigenschaft, zu wachsen. Von daher sollten die Beteiligten möglichst frühzeitig ein klärendes Gespräch führen.

Die meisten Menschen können sich allerdings nicht entscheiden, ob sie das Problem offen ansprechen oder schweigen sollen. Wer aus Harmoniebestreben oder Konfliktscheu zunächst den Mund hält, riskiert, dass ein schwelender Konflikt eskaliert. Das zeigt sich beispielsweise darin, dass Personen sich unkooperativ verhalten oder bei Dritten über den Verursacher beklagen. Das ist immer der andere! Am Ende der Konfliktleiter ist das Klima vergiftet. Konflikte frühzeitig anzusprechen, und zwar beim Auslöser der Spannung, erfordert Mut und Entschlossenheit. Daran mangelt es oft, wodurch eine klärende Aussprache zwischen den Kontrahenten unterbleibt. Die Auseinandersetzung eskaliert und erreicht Dimensionen, die ein Eingreifen von anderer Seite erfordert.

Was können wir zur Konfliktlösung beitragen?

Konflikte lassen sich in der Regel nicht argumentativ und vernunftgesteuert beseitigen. Mit etwas Ruhe und Abstand kann uns eine innere Stimme aber eine wertvolle Orientierung geben. »Ruhe sedimentiert die Gedanken«, schreibt Volker Busch in seinem Buch »Kopf frei!«, und empfiehlt das »besonnene Aufräumen«: »Was hat mich innerlich so aufgebracht bei dem Streit? War meine Reaktion angemessen? Hat die Sichtweise meines Partners etwas für sich? Übersehe ich hier eventuell etwas? Was könnten wir beide das nächste Mal besser machen? Welchen Vorschlag könnte ich ihm machen?« (Busch 2021b) Das mentale Aufräumen ist ein aktiver Prozess des Denkens und Fühlens, mit dem wir Lösungen aufspüren können und der zu Fragen leitet wie: Was ist mein Bauchgefühl, was sind für mich die relevanten Argumente, mit welcher Lösung könnte ich leben und worauf möchte ich keinesfalls verzichten?

Konfliktmoderation

Mitunter versuchen wir selbst Konfliktlösungen zu finden oder wir sprechen mit vertrauensvollen Freunden. »Machen wir uns aber nichts vor: Sich selbst zu beurteilen ist viel schwerer, als andere zu beurteilen. Und es stimmt auch nicht, dass das Urteil derer, die uns nahestehen und uns scheinbar besser kennen, zutreffender ist als das derjenigen, die uns eher aus der Distanz einschätzen. Letztere sind meist vorurteilsloser und deshalb auch objektiver.« (Roth 2019d)

Eine externe professionelle Konfliktmoderation, die in der Lage ist, die Prozess- und Inhaltsverantwortung zu trennen, und die streitenden Parteien dabei unterstützt, tragfähige Lösungen zu finden und zu implementieren, hat gute Aussicht auf eine erfolgreiche Bewältigung des Konflikts. Häufig sind die strittigen Positionen, die geäußert werden, nicht der Grund für den Konflikt. Vielmehr lauern dahinter Interessen und Anliegen, die unbedingt erkannt und benannt werden müssen, da sonst das Übel nicht an der Wurzel gepackt werden kann. Abschließend ist es erforderlich, nicht nur Handlungsoptionen und Lösungen zu erarbeiten, sondern eine verbindliche Vereinbarung zwischen den Kontrahenten zu finden, die fortan gelebt wird. Aus den Konfliktparteien werden Konfliktpartner.

Die Entwicklung guter Konfliktlösungsfähigkeiten hat einen nicht zu unterschätzenden Einfluss auf die eigene mentale Fitness. Je besser wir darin werden, je sicherer wir im Umgang mit Interessen- und Meinungsverschiedenheiten werden, umso besser werden wir in der Interaktion mit anderen und umso leichter können wir unser Grundbedürfnis nach Anerkennung stillen.

> **Buchtipp für Wissenshungrige**
> Friedrich Glasl (2011): Selbsthilfe in Konflikten.
> 6. Auflage. Verlag Freies Geistesleben, Bern.

Was können Sie tun?

* Wenn Sie Spannungen, Streitgespräche oder Frotzeleien in Ihrer Umgebung entdecken, entscheiden Sie, ob es sich um den Anfang eines Konfliktes handelt.
* Zu Beginn einen Konflikt herunterzufahren ist deutlich effektiver als zu warten, dass etwas oder jemand das Ruder herumreißt.
* Konflikte äußern sich durch emotionale Zustände. Verzichten Sie weitgehend auf Argumente, vor allem, wenn sie den Konfliktpartner ärgern können.
* Fragen statt Behauptungen sind bestens geeignet, Konflikte abbauen zu helfen. Fragen Sie Ihren Konfliktpartner nach seiner Sichtweise, seinen Wünschen, seinen Vorstellungen. Was müsste geschehen, um den Konflikt zu verringern?
* Schlagen Sie Ruhe und Abstand vor, vertagen Sie die nächste Runde des Gesprächs.

5.4 W.ni..r i.t m..r

»Perfektion ist nicht dann erreicht, wenn man nichts mehr hinzufügen, sondern wenn man nichts mehr weglassen kann.«

Antoine de Saint-Exupéry (1900 – 1944), französischer Schriftsteller

Es ist Ihnen sicherlich nicht schwergefallen, den Text zu »lesen«. Das ist gut so, denn unser Denkapparat überprüft jede eintreffende Information, inwiefern sie bekannt und ob Ähnliches bereits abgespeichert ist. Aufgrund unserer Leseerfahrungen gelingt das gut und die Lücken im Text werden ergänzt. Auf diese Weise lässt sich Energie sparen, zugleich ist auch die Aufnahmekapazität unseres Gehirns begrenzt. Somit ist Platz für weitere Impulse. Dieser Doppelnutzen zeigt, wie geschickt unser Gehirn sich gegebenen Umständen anpassen kann. Zugleich ist es ein Hinweis, dass auch beim Lernen zunächst immer an das vorhandene Wissen angeknüpft wird. So gesehen besitzen wir sogar einen Dreifachnutzen: Energie sparen, Beachtung der geringen Aufnahmekapazität und Anknüpfen an Vorwissen.

Das Badewannenmodell

Vergleichen wir die Aufnahmekapazität unseres Gehirns mit einer Badewanne. Eine Badewanne kann nur eine bestimmte Menge Wasser aufnehmen. Auch unser Arbeitsgedächtnis ist bei der Aufnahme der sensorischen Informationen begrenzt. Wird bei der Badewanne der Wasserhahn voll aufgedreht, fließt mehr Wasser hinein. Gießt der Badende zu viel Wasser in die Wanne, läuft sie über. Das ist vergleichbar mit unserem Arbeitsgedächtnis. Wenn zu viele Informationen ins Gehirn gelangen sollen, ist die Kapazitätsgrenze schnell erreicht. Ältere Speicherungen werden gelöscht. Das Arbeitsgedächtnis ist nach etwa fünf Minuten bereits »voll«. Die Konsequenz: Verfahren wir nach dem Motto »Weniger ist mehr«. Egal ob beim Lernen, Lesen, Referieren, Präsentieren oder in einer Talkrunde, stets ist es zwingend erforderlich, den Denkapparat der Beteiligten nicht zu überfordern.

Wir muten unserem Denkpalast allerhand zu

Wir leben in einer Welt der Fülle und des Überflusses. Unser Gehirn ist nicht darauf ausgelegt, ein Übermaß an Impulsen zu verarbeiten. Wir mailen, was das Zeug hält. Wir simsen permanent, wir kommunizieren in den sogenannten sozialen Medien und surfen oft gleichzeitig auf verschiedenen Ebenen im Internet. Die Masse an Umgebungsreizen überfordert uns.

Schon der Volksmund wusste: »Wir können nicht gleichzeitig auf verschiedenen Hochzeiten tanzen«, wobei ursprünglich hier nicht zwei Eheschließungen gemeint waren. Der Ursprung der Redewendung stammt aus dem Mittelhochdeutschen und meinte »Hochgezit«, was sich also generell auf »Hohe Feste« bezog.

Auch das Sprichwort »Weniger ist mehr«, das erstmalig schriftlich 1774 in dem Gedicht »Neujahrswunsch« von Christian Martin Wieland auftauchte, ist bis heute Teil unseres aktiven Wortschatzes. Der Arzt, Neurowissenschaftler und Gesundheitsexperte Tobias Esch (2021) empfiehlt Reduzierung auf das Wesentliche und fordert: »Mehr nichts und weniger Mehr«.

Wie können wir mit weniger mehr erreichen?

Eine Reduzierung der Informationen ist auf jeden Fall sinnvoll, damit das Gehirn die Angebotsreize vollständiger verarbeiten kann. Dabei geht es nicht um Verbote, auf das eine oder andere zu verzichten. Sinnvoll ist es, ganz bewusst Zeit einzuplanen, um aktiv und mit voller Aufmerksamkeit Inhalte aufzunehmen oder an andere zu vermitteln. Die Begrenzung der Informationen bezieht sich sowohl auf das Geben als auch auf das Nehmen. Zu Beginn ist es auf jeden Fall notwendig, jegliche Ablenkung zu vermeiden. Unser Gehirn knüpft, wie erwähnt, an das Vorwissen an und lässt nur willkommene Neuerfahrungen hinein, wenn sie nützlich, emotional gut und wertvoll sind. Was eine willkommene Neuerfahrung ist, kann der Mensch nur in seinem Inneren selbst bestimmen.

Keep it short and simple

Das Gehirn arbeitet nach dem Prinzip des Minimalismus. Eine Arbeitsgruppe um den Neurowissenschaftler Erhan Genç (2022) hat ein überraschendes Ergebnis veröffentlicht. Weniger vernetzte Gehirne sind intelligenter. Nicht der Umfang einer neuronalen Vernetzung ist für eine intelligente Funktionsweise unseres Denkorgans verantwortlich, sondern das Gegenteil scheint richtig zu sein: »Intelligente Gehirne zeichnen sich durch eine schlanke, aber effiziente Vernetzung ihrer Neuronen aus. Dadurch gelingt es, eine hohe Denkleistung bei möglichst geringer neuronaler Aktivität zu erzielen«, so der Neurowissenschaftler.

Reduktion und Konzentration fördern demnach die Intelligenz. Arbeiten nach dem Prinzip »Keep it short and simple« macht schlau!

Betrachten wir beispielhaft das Lehren und Lernen. Wer Inhalte, Methoden und Visualisierungen nicht begrenzt, riskiert eine Reizüberflutung, die das Gehirn überfordert und ein miserables Ergebnis beschert. Gleiches gilt auch für Vorträge, Präsentationen und Visualisierungen.

Lernen und die didaktische Reduktion

Mit rasender Geschwindigkeit sind Stoffmenge und themenbezogene Komplexität in den letzten Jahren gewachsen. Die Reizfülle, die heutzutage auf uns einwirkt, überlastet das Gehirn. Unsere Aufmerksamkeitsspanne ist deutlich reduziert, sodass viele Menschen Wissen oder Lerninhalte nur in kleinen Häppchen aufnehmen können. Wer seinem Denkorgan zu viel Wissen anbietet oder besser zumutet, nimmt in Kauf, dass ein Teil der Inhalte im Irgendwo verschwindet. Für Trainer, Ausbildende oder Lehrpersonen empfehle ich das sehr lesenswerte »Mini-Handbuch – Didaktische Reduktion«, dass allerdings maximale Erkenntnisse bietet. Autor ist der Experte Yvo Wüest, der über langjährige Erfahrungen in der Erwachsenenbildung verfügt und sich auf sein Spezialgebiet didaktische Reduktion fokussiert. Online-Material und Beispiele erfolgreicher didaktischer Reduktionen sind beigefügt.

Lehrende sollten nach einer gründlichen Sachanalyse des Lernstoffes die Inhalte didaktisch reduzieren und »aus ganz wenig viel machen«. Statt auf Vollständigkeit oder Überfluss lieber auf Gründlichkeit setzen. Wer in die Vollständigkeitsfalle tappt, vermindert das Lernergebnis. »Didaktische Reduktion hilft Trainern, Ausbildenden und Lehrenden, ihre Arbeit zu reflektieren und besser zu machen, indem sie Wesentliches von Unwesentlichem trennen. Und im Training, in der Präsentation oder in der Lehre auf den Punkt kommen«, schreibt Yvo Wüest (2022: 9).

Buchtipp für Wissenshungrige

Yvo Wüest (2022): Mini-Handbuch. Didaktische Reduktion. Beltz Verlag, Weinheim.

Wie gelingt eine erfolgreiche didaktische Reduktion?

Zunächst muss der Lernstoff auf die Lernenden zugeschnitten sein und möglichst an deren Vorwissen anknüpfen. Weiterhin sollte unbedingt ein Medienzirkus vermieden und Methoden- und Medienwechsel sparsam und stets zum Lernstoff passend eingesetzt werden. Eine methodische Reduktion beinhaltet auch gehirnfreundliche Visualisierungen, leicht verständlich und ohne ablenkende Botschaften.

Bieten Sie der Lerngruppe immer gerade das, was diese für den nächsten Lernschritt braucht.

Lernen soll Spaß machen, Humor ebnet den Weg zum Verstehen. Das Glückshormon Dopamin steigert die Vorfreude sowie die Motivation. Eine Dopamindusche unterstützt das Lernen. Der Trainer ist allerdings kein Clown. Zuviel des Lustigen verhindert die Speicherung des Lernstoffes. Später können sich viele zwar an den Witz erinnern, aber nicht mehr an die Inhalte, die mit Humor transportiert werden sollten. Im Vordergrund steht immer der Lernvorgang und der Wunsch, zu eigenständigem Denken und Lernen zu gelangen. Eine didaktische Reduktion ist für alle Lernformen, Seminare, Webinare und auch für autodidaktisches Lernen sinnvoll.

Neurodiversität – jedes Gehirn ist anders

In den letzten Jahren ist im Diskurs zum Thema »Neurodidaktik« der Begriff »Neurodiversität« aufgetaucht. Neurodiversität betont die Vielfalt menschlicher Hirne. Ursprünglich hat die Wissenschaft neurologische Differenzen wie Autismus, Dyslexie oder andere problematische Zustände des Gehirns im Blick. Neurologische Unterschiede als Defizite zu betrachten, ist mittlerweile der Einschätzung gewichen, sie als natürliche Variationen der menschlichen Gehirnfunktion zu erkennen. Das trägt dazu bei, dass Verständnis für neurologische Unterschiede gefördert wird.

Lernen gelingt weitgehend durch Verknüpfen mit Vorwissen. Da jeder Mensch unterschiedliche individuelle Erfahrungen, Erlebnisse und Umstände hat, ist auch das Netzwerk der Neuronen individuell sehr unterschiedlich. Kein Gehirn gleicht einem anderen, doch es gibt Ähnlichkeiten, welche Anhaltspunkte für gemeinsames Lernen sein können. So betrachtet ist die Neurodiversität für jeden Lehrenden äußerst wichtig. Nicht »one fits all« führt zu einem guten Lernergebnis, sondern eine möglichst individuelle Herangehensweise der Stoffvermittlung. Das ist nicht immer leicht, aber erfolgreich! Wer gekonnt didaktisch reduziert, steigert die Chancen, dass jeder Lernende vom Lernstoff profitieren kann.

Vorträge und Präsentationen – das Publikum im Blick

Für Vorträge oder Präsentationen gilt: die Masse an Inhalt reduzieren, sich auf die Kernbotschaften konzentrieren, vorwiegend Bilder und Metaphern verwenden, auf Folien nur das zeigen, was das Publikum in dem Moment sehen sollte. Charts mit Visualisierungen versehen, auf Bulletpoint-Text verzichten und stattdessen passende Abbildungen verwenden. Betreutes Vorlesen unbedingt vermeiden. In der Sprache der Teilnehmenden zu reden, ist für das Verständnis erforderlich. Profis überlegen sich, welche Kompetenzen, Inhalte und Kenntnisse die Teilnehmenden erwerben müssen, und verfahren nach dem Motto: Gründlichkeit statt Vollständigkeit.

Ein Kollege hat mir nach einem meiner Vorträge folgenden wertvollen Ratschlag gegeben: Stehe aufrecht, damit du gesehen wirst. Sprich laut, damit du gehört wirst. Rede kurz, damit du gemocht wirst.

Was können Sie tun?

* Achten Sie beim Lehren und Lernen, Referieren und Präsentieren darauf, dem Gehirn nur das zuzumuten, das Sie beziehungsweise Ihr Denkorgan verkraften kann.
* Weniger ist überall mehr. Die Kapazitätsgrenze unseres recht kleinen Arbeitsgedächtnisses ist schnell erreicht.
* Verzichten Sie auf permanentes Surfen im Internet, Ihre Aufmerksamkeitsspanne sinkt. Konzentrieren Sie sich stattdessen auf wichtige Inhalte.
* Als Lehrender sollten Sie unbedingt den Lernstoff, die Methodik und Ihre Visualisierungen reduzieren.
* Lernen soll Spaß machen, humoristische Abschnitte, wohldosiert, fördern das Lernen. Ab und zu eine »Dopamindusche« ist eine Erfrischungskur für Körper und Geist.
* Als Lernender, der sich selbstständig weiterbildet, gilt ebenso das Prinzip »Keep it short and simple«. Machen Sie zwischendurch Pausen, damit Ihr Hirn den Stoff verarbeiten kann, und nehmen Sie sich weniger vor.

5.5 Wenn gemeinsame Projekte scheitern

»Wir müssen verstehen, dass Scheitern nicht das Gegenteil von Erfolg ist – es ist Bestandteil davon.«

Arianna Huffington (1950), griechisch-amerikanische Journalistin*

Jeder hat schon mal etwas vermasselt, ist mit seinen Plänen baden gegangen oder hat ein ganzes Projekt in den Sand gesetzt. Straucheln, stolpern, Murks im Job? Das geht gar nicht, oder etwa doch?

Nicht jedem Anfang wohnt ein Zauber inne

Wir leben in einer Leistungsgesellschaft. Menschen werden an ihren Erfolgen gemessen und Niederlagen werden geächtet. Ein Ziel zu verfehlen, tut weh, ist teuer. Der Druck, Fehler zu vermeiden, kann körperliche (Angst-)Reaktionen auslösen: Herzklopfen, feuchte Hände, Schweißperlen auf der Stirn. Knapp fünfzehntausend Unternehmen meldeten 2022 in Deutschland Insolvenz an. Zurück blieben verschlossene Türen, leere Konten und geplatzte Lebensträume. Zu Beginn stand eine innovative Geschäftsidee, hoch motiviert und zuversichtlich gegründet, entpuppte sie sich als Fehlschlag. Offenbar wohnt nicht jedem Anfang ein Zauber inne. Die Gründe sind vielfältig. Während die einen sich frustriert zurückziehen, rappeln sich andere wieder auf. Auf der Ruine ihres gescheiterten Unterfangens errichten manche etwas Neues. Und das ist ein wirkungsvoller Ansatz, das Scheitern als Chance zu begreifen.

Scheitern ist ein Tabu, über das ungern gesprochen wird. Kaum jemand gibt seinen Fehltritt zu und münzt stattdessen das Problem bevorzugt in Erfolge um. Von daher müssen Fehler zunächst einmal aus dem Halbdunkel des Vertuschens an die Oberfläche geholt und etwaige Ängste abgebaut werden. Scheitern ist für viele eine Bedrohung des Selbstwertes. Insofern nützt es wenig, wenn Missgriffe vertuscht oder so dargestellt werden, dass man nicht dafür verantwortlich gemacht werden kann. Allerdings hat dann das gerettete Selbstbild einen Preis.

Man benötigt einen Mittelweg zwischen Selbstzerfleischung und Realitätsverleugnung.

Aus Fehlern lernen?

Es gibt Möglichkeiten, mit dem Scheitern umzugehen. In der Interpretation eines negativen Ereignisses liegt der Schlüssel, um zufriedener damit weiterleben zu können. Das Ziel muss sein, eine andere Sichtweise auf Rückschläge einzunehmen. »Das Scheitern«, so die Schriftstellerin Elke Schmitter (1997), »ist die Schnittstelle zwischen Erkenntnis und Verzweiflung, ein Bruch mit den Erwartungen.« Eine richtungsweisende Studie kam zu dem Ergebnis, dass diejenigen, die ihre Niederlage überwinden konnten, wenn sie sie mit Humor nahmen, etwas Positives daraus zogen oder sich auf das konzentrierten, was ihnen gelungen war.

Ist es möglich, aus Fehlern zu lernen? Die Antwort steckt in einem einfachen Satz, der schwer zu beherzigen ist: »Ich habe versagt, aber ich bin kein Versager.« Fehler zugeben, aber seinen Selbstwert nicht ans Richtigmachen knüpfen – das ist die Kunst. Wer doch einmal eine Bauchlandung hinlegt, befindet sich zumindest in guter Gesellschaft. Henry Ford schaffte es erst im dritten Anlauf, seine Ford Motor Company zu gründen. Astrid Lindgren fand für die erste Version ihrer »Pippi Langstrumpf« keinen Verleger. Thomas Alva Edison probierte um die neuntausend Glühfäden aus, bis er jenen fand, der die Glühbirne erstmals dauerhaft zum Leuchten brachte.

Aufstehen, Krone richten, weitermachen

Fehler sind Quelle und Motor des Fortschritts. Einen Fehler zu erkennen, verlangt danach, etwas zu verändern, anzupassen, neu zu ordnen. Routinen müssen überdacht, alte Strukturen geknackt werden. Wer sich über Schema F nicht hinaustraut und immer am Bestehenden entlang denkt, wird ewig im eigenen Saft weiterköcheln. »Wer nie gescheitert ist«, so die Kronprinzessin Mette-Marit, »der hat in seinem Leben nicht alles gewagt.« (Welt online 2012)

Eine Regel, die jeder befolgen sollte: Einmal öfter aufstehen, als man hinfällt – so haben alle Kinder das Gehen geübt. Laufen lernt man durch Hinfallen, und eine gescheiterte Idee muss nicht das Ende aller Bemühungen sein. Gönnen wir uns selbst und anderen mehr als nur einen Versuch, leben wir eine Kultur der soundsovielten Chance!

Was können Sie tun?

* Wenn Sie mit einem Vorhaben gescheitert sind, suchen Sie die Ursache nicht nur woanders, sondern fragen Sie sich, was Sie dazu beigetragen haben!
* Sprechen Sie mit Personen Ihres Vertrauens über Ihr Scheitern. Hören Sie genau zu: Welche Sichtweise hat der Gesprächspartner? Handeln Sie gegebenenfalls danach.
* Notieren Sie wichtige Erkenntnisse aus Ihrer Niederlage, um aus Fehlern zu lernen und es beim nächsten Mal besser machen zu können.
* Versuchen Sie nicht, in Ihrer Umgebung einen Fehltritt schönzureden. Manchmal sind spärliche Informationen oder sogar Schweigen bessere Alternativen.
* Rufen Sie sich gelungene Vorhaben in Erinnerung und denken Sie an die Emotionen, die nun erneut auftauchen. Nichts motiviert mehr als der eigene Erfolg. Erfolg ist Kopfsache!
* Vermeiden Sie demotivierende Generalisierungen. »Ich wusste es, das klappt nie ...«

Mit dem gleichen Projekt mehrfach zu scheitern ist nicht das Ende jeglicher Versuche. Orientieren Sie sich an Kindern, die alles, was sie lernen wollen, so oft probieren, bis sie es geschafft haben!

5.6 Gut für die mentale Fitness: sozialer Klebstoff

»Es fällt uns oft leichter, Mitgefühl mit anderen zu haben als mit uns selbst.«

*Tania Singer (*1969), Psychologin und Neurowissenschaftlerin*

Freude, Schmerz, Trauer – wir fühlen, was andere fühlen. Das Mitgefühl für andere geschieht so, als wären wir selbst betroffen. Unser Gehirn, oder genauer eine Region davon, die sogenannte Insula, steht im Zentrum der Reizverarbeitung und sorgt dafür, dass wir uns in andere hineinversetzen können.

Dieses Areal verarbeitet Geruch, Geschmack, Schmerz, Ekel sowie weitere Empfindungen und steht in Kontakt mit gefühlsverarbeitenden Arealen in unserem Hirn. Diese Region verknüpft sich mit dem limbischen System und beeinflusst unsere Emotionen.

Eine Verbrennung an der Hand, ein Tritt in einen Nagel oder Bauchschmerzen, das alles lässt die »Insel des Mitgefühls« nicht kalt. Sie reagiert auch, wenn der Mensch gegenüber freudig erregt ist, Musik genießt oder eine liebevolle Umarmung erfährt.

Seit ewigen Zeiten ist der Mensch darauf angewiesen, im Schutz der Gruppe zu arbeiten, Gefahren abzuwehren und für Nahrung zu sorgen. Von daher sind Empathie und Mitgefühl soziale Kompetenzen, die auch in der Jetztzeit ein gesellschaftliches Miteinander ermöglichen.

Empathie und Mitgefühl

Empathie und Mitgefühl »arbeiten« zusammen, sind allerdings unterschiedliche Erscheinungen, die in verschiedenen neuronalen Netzen aktiv sind. Während Empathie die Fähigkeit zur emotionalen Resonanz ist, ist Mitgefühl auf das Leiden eines anderen bezogen und stellt eine Handlungsmotivation. Wer mitfühlt, hilft dem anderen aktiv dar.

Was geschieht im Gehirn? Mitgefühl ist ein altruistisches Motivationssystem, welches das Hormon Oxytocin ausschüttet. Auf diese Weise werden Vertrauen, Dankbarkeit und fürsorgliches Verhalten gebildet und Stress abgebaut.

»Achtsamkeit«, so äußert sich Tania Singer in einem Interview, »hat viel mit der Stabilisierung des Geistes im gegenwärtigen Moment zu tun [...] Damit ist Achtsamkeit die Basis für die Stärkung von Mitgefühl und anderen sozialen Motivationen. Wenn unser Geist ständig mit Gedanken, der Zukunft und der Vergangenheit beschäftigt ist und wir nicht präsent sein können, ist auch Empathie und Mitgefühl für andere nur schwer trainierbar.« (Singer 2022)

Spiegelneuronen

Empathie und Mitgefühl werden mitunter in Verbindung mit Spiegelneuronen gebracht. Im Jahr 1992 entdeckte ein italienisches Forscherteam, dass bei Makaken bestimmte Neuronen aktiv waren, wenn ein Affe eine Nuss aß, und die gleichen Nervenzellen auch bei jenen Affen aktiv waren, die das Geschehen nur beobachteten. Man nannte diese Nerven Spiegelneurone. Sie sind ein biologisches Resonanzsystem, das offenbar beziehungsfördernd ist. Inwiefern Spiegelneurone die Grundlage für Empathie bilden, ist bei Wissenschaftlern umstritten. Es fehlen neurobiologische Nachweise, ob die Empathiefunktion des Gehirns auch beim Menschen existiert. Der Neurowissenschaftler Gerhard Roth bezweifelt, dass die Entdeckung der Spiegelneuronen mit Empathie zu tun hat.

Gefühle im Business

Empathie und Mitgefühl beispielsweise in der Arbeitswelt zu zeigen, ist keine Modeerscheinung, sondern eine Voraussetzung für Führung mit Herz, Vertrauen und Mitarbeiterorientierung auf Augenhöhe. Dieser Führungsstil mag anstrengender sein, aber er ist effektiver und Ausdruck einer inneren Haltung. Auf Empathie zu setzen, ist klug, denn darin steckt ein unternehmerischer Vorteil. Zusammenarbeit mit Kollegen oder Mitarbeitern zu fördern, geht nicht ohne Empathie. Dazu gehört auch eine kenntnisreiche Selbsteinschätzung. Denn wer sich selbst nicht kennt und vorwiegend mit sich selbst beschäftigt ist, wird es schwer haben, Empathie und echtes Mitgefühl zu zeigen.

Die Neurowissenschaft hat nachgewiesen, dass Menschen in ihrer Umgebung des Vertrauens, der Zugehörigkeit und Nähe ihr volles Potenzial einbringen können.

Verständnis zu zeigen, ist wertvoll, bedeutet aber nicht, einverstanden zu sein.

Empathie ist kein Weichspüler, um emotionale Kälte zu vertuschen. Zahlen, Daten und Fakten bringen zum Denken, Emotionen führen zum Handeln.

Empathie und Mitgefühl sind der Klebstoff sozialer Beziehungen.

Empathie ist kein kopfgesteuertes Instrument, sondern Ausdruck einer inneren Haltung. Beachten Sie, dass Ihr Verhalten ehrlich ist und nicht als Täuschmanöver begriffen werden kann.

Was können Sie tun?

Bei anderen:

- Klären Sie für sich, was (Ihnen) Empathie bedeutet, und notieren Sie sich die Ergebnisse.
- Überlegen Sie sich genau, was Empathie in einer Ihrer Arbeitssituationen bedeutet. Welche Vorteile ergeben sich für Sie und Ihr Gegenüber?
- Hören Sie Ihrem Gesprächspartner aufmerksam zu, schenken Sie Ihrem Gesprächspartner Ihre volle Aufmerksamkeit und versuchen Sie, den anderen zu verstehen. Wenn etwas unklar ist, fragen Sie nach: »Wie darf ich Ihre Worte verstehen? Was haben Sie gemeint?«
- Zeigen Sie Interesse an seinen Gefühlen.
- Machen Sie die Probleme des Gesprächspartners nicht zu Ihren und suchen Sie nach Lösungen, die für beide Seiten praktikabel sind.
- Beobachten Sie, wie sich der andere verhält. Steht er gerne im Mittelpunkt oder hält er sich lieber zurück? Achten Sie auf seine Körpersprache (Gestik, Mimik, Motorik, Blickkontakt).

Bei sich:

- Beobachten Sie das eigene Verhalten. Wie reagiere ich in bestimmten Situationen, von welchen Gefühlen werde ich geleitet?
- Was ist mir so wichtig, dass ich mit Freude oder Ärger reagiere?

5.7 Das schlechte Gewissen: Beziehungskiller oder gesellschaftliche Norm?

»Wer immer die Wahrheit sagt, kann sich ein schlechtes Gedächtnis leisten.«

Theodor Heuss (1884 – 1963), erster Bundespräsident der BRD

Wir essen Fleisch: schlecht für die Tiere! Wir unternehmen eine Flugreise: mies für das Klima! Wir fahren Auto: doof für die Umwelt! Wir genießen Schokolade: die macht dick! Wir rauchen und trinken Alkohol: Gefahr für unsere Gesundheit!

Wohin wir auch schauen, es meldet sich das schlechte Gewissen! Permanent wird uns unter die Nase gerieben, dass unser Handeln negative Folgen haben könnte. In unserer komplexen Zeit gibt es nur noch wenig, was man guten Gewissens tun kann. Das schlechte Gewissen zeigt sich überall. Man zuckt zusammen, wenn man eine leere Konservendose versehentlich in die Biotonne wirft. Die Symptome äußern sich in Schuldgefühlen, emotionaler Unruhe und innerer Zerrissenheit. Es meldet sich eine innere Stimme: Tu das nicht! Das schlechte Gewissen drückt die Stimmung und hinterlässt ein mulmiges Gefühl.

Die Psychologin Maja Storch und der Neurowissenschaftler Gerhard Roth haben gemeinsam ein Buch geschrieben: »Das schlechte Gewissen – Quälgeist oder Ressource?« Die Texte sind von bedrückender Aktualität, zeigen aber auch Lösungen, wie man das schlechte Gewissen bändigen kann.

Symptome des schlechten Gewissens

Die Kirche hat das schlechte Gewissen meisterhaft instrumentalisiert und ist dadurch reich geworden. Heutzutage sind es gesellschaftliche Normen, Regeln und moralische Verpflichtungen, die zum schlechten Gewissen führen können. Es handelt sich dabei stets um eine Diskrepanz zwischen Soll- und Ist-Situation. Im persönlichen Bereich können es auch Verpflichtungen, Erwartungen oder Ziele sein, die ich mir selbst gesetzt habe.

»Das Missachten dieser Forderungen muss mit irgendeiner Art zu befürchtender Sanktion verbunden sein, um das schlechtes Gewissen auf den Plan zu rufen«, schreibt Gerhard Roth, »auch hier findet sich eine große Vielfalt an Möglichkeiten: Sei dies eine religiöse, körperliche, juristische oder finanzielle Bestrafung, ein Tadel, gesellschaftliche Ausgrenzung oder Liebesentzug; aber auch das Gefühl, gegenüber eigenen Ansprüchen an sich selbst versagt zu haben, kann eine Quelle für schlechtes Gewissen sein. In letzterem Fall handelt es sich meist um die Verinnerlichung einer Erwartung anderer an uns, die über die Jahre zur Erwartung an sich selbst geworden ist.« (Storch/Roth 2021)

Buchtipp für Wissenshungrige

Maja Storch und Gerhard Roth (2021): Das schlechte Gewissen – Quälgeist oder Ressource?
Hogrefe Verlag, Bern.

Die Entstehung eines schlechten Gewissens benötigt nach Roth drei Zutaten: eine Handlungsabsicht, ein Ge- oder Verbot, das mit dieser Handlungsabsicht im Konflikt liegt, und eine Sanktion, die auf die Übertretung des Ge- oder Verbotes folgt. Das schlechte Gewissen ist individuell und je nach Temperament und Persönlichkeit verschieden. Offen-dynamische Menschen neigen zu Übertretungen, vorsichtig-ängstliche Menschen lassen sich von der Sanktionsandrohung beeinflussen und leiden unter ihrem schlechten Gewissen. Jeder kennt Gewissensbisse. Sie entstehen, weil man bestimmte Gewohnheiten gegen seinen Willen nicht ablegen kann. Friedrich Nietzsche hält Gewissensbisse für eine Dummheit, wie der Biss eines Hundes gegen einen Stein.

Es gilt als gesichert, dass ein schlechtes Gewissen bereits in der Kindheit angelegt und damit effektiv erlernt wird. Konflikte zwischen den Bedürfnissen des Kindes und den Normen werden stark verinnerlicht.

Schuldgefühle im persönlichen Umfeld

Wahrscheinlich gehört es zu den verbreiteten Erfahrungen, dass jemand aus Ihrem eigenen Umfeld versucht, Ihnen ein schlechtes Gewissen einzureden. Schuldgefühle sind nicht immer schlecht, sie können aber auch dazu anregen, sein eigenes Verhalten zu korrigieren.

Woran erkennt man, dass eine Person Schuldgefühle wecken möchte? Das können sarkastische Reaktionen sein. Sie rufen beispielsweise einen Freund an, der mit den Worten beginnt: »Na endlich meldest du dich mal!« Oder jemand nimmt eine Opferrolle ein. Das »Opfer« reagiert auf Ihre Worte mit dem Satz: »Schon gut, ich weiß, dass ich dir egal bin«.

Auch die Weigerung, Ihnen zu sagen, was Sie falsch gemacht haben, ist eine ungerechtfertigte Schuldzuweisung. Wenn Schuldgefühle aber als ungerechtfertigt und als emotionale Manipulation auftreten, belasten sie die Beziehungen und können Selbstzweifel verursachen. Ein schlechtes Gewissen ist ohnehin mit einem geringen Selbstwertgefühl verknüpft. Und das wird abhängig von der aktuellen Situation von Freunden, Arbeitskollegen oder Partnern ausgenutzt. Direkte Reaktionen können hilfreich sein: Fordern Sie dazu auf, Beispiele zu nennen, sagen Sie, wie Sie sich nun fühlen, stellen Sie Fragen und beschreiben Sie, wie Sie sich eine zukünftige Kommunikation wünschen.

So bringen wir das schlechte Gewissen zum Schweigen!

Das schlechte Gewissen ist ein komplexes Geschehen. Wer sich auf den Weg macht, daran zu arbeiten, benötigt Geduld. Neurobiologisch betrachtet ist das schlechte Gewissen eine Emotion, die im limbischen System verankert ist, ein Übermaß des Stresshormons Cortisol und ein Zuwenig des Bindungshormons Oxytocin sowie des Beruhigungshormons Serotonin zeigt. Wer versucht, mit Argumenten auf der Verstandesebene gegenzusteuern, wird scheitern. Der Hormoncocktail in dieser Situation muss verändert werden.

Das sagt sich leicht, ist aber schwer. Jede Veränderung im neuronalen Netz des Gehirns kann hergestellt werden, wenn bestehende Verbindungen gekappt und neue gebildet werden. Wie? Sie haben soeben das Wort »gebildet« gelesen. Hier ist der Begriff »Bild« enthalten. Das zeigt den Weg. Insofern empfiehlt Maja Storch Bilder, die in einen Entspannungsmodus überleiten. »Das läuft im Gehirn auf dieselbe Weise ab wie beim Erlernen einer As-Dur-Tonleiter auf dem Klavier, beim Einüben von französischer Konversation oder beim Gespür für den perfekten Garpunkt des Fleisches beim Grillen: Übung macht den Meister und die Meisterin!« (Storch/Roth 2021)

Wo bekommen Sie die Bilder her? Sie können auf das kostenfreie Onlinetool des Zürcher Ressourcen-Modells zugreifen oder auf eigene Ideen und Einfälle vertrauen. Durch diese Visualisierungshilfen kommen Sie an unbewusste Regionen und können Ihrem schlechten Gewissen an den Kragen gehen. »Ein schlechtes Gewissen ist der beste Beweis für ein gutes Gedächtnis«, meinte Selma Lagerlöf, und das kann man durch alternative Bilder ändern. (gutezitate.com)

Was können Sie tun?

* Sie können das schlechte Gewissen mildern, indem Sie die Ge- oder Verbote hinterfragen und sie als unsinnig oder nicht gerechtfertigt einschätzen.
* Sie haben die Möglichkeit, das schlechte Gewissen einfach zu ignorieren und nicht darauf einzugehen.
* Ermitteln Sie, in welcher Situation das schlechte Gewissen auftaucht, und vergleichen Sie die ursprüngliche Quelle mit Ihrer aktuellen Lage. Führt die Beachtung des schlechten Gewissens heute zu einer für Sie günstigeren Lage?
* Versetzen Sie sich in einen ruhigen Entspannungszustand, indem Sie mit Bildern trainieren, die dem Selbstzweifel entgegenwirken.
* Wenn Sie aus Ihrem persönlichen Umfeld mit ungerechtfertigten Schuldzuweisungen belästigt werden, fordern Sie dazu auf, Beispiele zu nennen, zeigen Sie, wie Sie sich nun fühlen, und beschreiben Sie, wie Sie sich eine zukünftige Kommunikation wünschen.
* Könnte das schlechte Gewissen für Sie ein Signal sein, das eigene Verhalten zu ändern? Dann ändern Sie es und denken Sie an das Wort des Neurobiologen Gerald Hüther, der sinngemäß sagte, dass es nicht um Veränderung, sondern um Verwandlung geht.

5.8 Bilder – die Sprache des Gehirns nutzen, auch fürs Gehirnjogging

»Wen das Auge nicht überzeugen kann, überredet auch der Mund nicht.«

Franz Grillparzer (1791 – 1872), österreichischer Schriftsteller

Am Anfang war nicht das Wort, am Anfang war das Bild. Sprache war ursprünglich bildhaft. Das zeigt sich an den Schriftzeichen, die zunächst eine Bilderschrift waren und dann immer abstrakter wurden. Dieser Abstraktionsprozess dauerte so lange, bis die Schriftzeichen nicht mehr auf ihre ursprüngliche Bedeutung hinwiesen.

Unser Gehirn denkt in Bildern. Es liebt Bilder und Geschichten, sie sind der Turbo bei allen zwischenmenschlichen Kontakten und auch beim Lernen. Wenn wir also etwas mit Sprache bewirken wollen, dann müssen wir dafür sorgen, dass die Worte im Gehirn des Zuhörers Bilder erzeugen. Schon unsere Wortwahl deutet darauf hin: Wir machen uns ein Bild von jemandem, bilden uns etwas ein und besitzen eine umfassende Bildung. Warum lieben wir Karikaturen in Zeitungen? Warum ist Fernsehwerbung so erfolgreich? Warum funktioniert Werbung überhaupt? Die Antwort ist einfach: Weil diese Dinge bildhaft sind. Abbildungen unterstützen Gehirnjogging!

Störungsarme Kommunikation

Wir sprechen, um uns mitzuteilen und um verstanden zu werden. Das gelingt nicht immer. Missverständnisse pflastern unseren Sprachweg. Das liegt auch daran, dass Sprache an sich mehrdeutig und nicht immer trennscharf ist. Deshalb verstärken wir gesprochene Inhalte mit Metaphern. Es gibt kaum einen Bereich, den wir nicht sprachlich bebildern. Wir besitzen einen nahezu unbegrenzten Vorrat anschaulicher Redewendungen, um unser Kopfkino ablaufen zu lassen.

Wir »betreten neue Ufer«, wenn wir etwas Neues vorhaben, das »Kind ist in den Brunnen gefallen«, wenn ein Vorhaben gescheitert ist, der »Zahn der Zeit« beschreibt die Vergänglichkeit, den Kollegen »lassen wir nicht im Regen stehen«, wenn wir bemerken, dass Hilfe notwendig ist, »er wird sein blaues Wunder erleben«, wenn eine unliebsame Überraschung droht, der »Redner hat den Nagel auf den Kopf getroffen«, wenn er Zustimmung erntet. Sprachbilder sind kein rhetorischer Schmuck, sie sind Verständnishilfen. Abstrakte Phänomene können vereinfacht werden und komplizierte Zusammenhänge erscheinen mit ihnen lebendiger und klarer. Und nirgendwo ist Verständnis so entscheidend wie beim Lernen. Wichtig zu wissen ist, dass jeder Text über das Großhirn organisiert wird. Lesen, entschlüsseln und gedanklich die Bedeutung zuweisen sind aufeinanderfolgende Prozesse, die viel Energie kosten. Ein Bild, ein Symbol oder ein Erklärvideo können unserem Denkorgan viel Arbeit ersparen. Es muss allerdings kurz und simpel sein!

Visualisierungen fördern das Verstehen

Wenn in einer Präsentation Abbildungen gezeigt werden, sollten es keine tausendmal gesehenen, sterilen Agenturfotos sein. Diese sehr häufig verwendeten Fotos wirken gestellt, präsentieren stets gut gelaunte Büromenschen und drücken selten das aus, was der Nutzer bezwecken möchte. Das führt im Hirn bestenfalls zu einem kurzen Aufflackern des neuronalen Netzwerkes, dann ist wieder Funkstille. Zum gesprochenen Wort passen einzigartige Abbildungen. Sie besitzen eine höhere Chance, die Vorstellungskraft des Publikums anzukurbeln. Für Fotos, auf denen Personen gezeigt werden, vor allem ausdrucksstarke Gesichter, gilt das besonders.

Allerdings lösen oft wiederholte, abgedroschene Metaphern keine Bilder mehr im Kopf aus, denn unzählige Male haben wir gehört: »Vor uns liegt noch ein weiter Weg« oder »Wir sitzen alle in einem Boot«. Mit diesen kraftlosen Metaphern wird jeder Sprecher gähnende Müdigkeit ernten. Bildgebende Verfahren haben gezeigt, dass Metaphern bei Versuchsteilnehmern dann besondere Aufmerksamkeit erregen, wenn sie neu und ungewöhnlich sind. In diesem Fall feuern die Neuronen heftig, um sich das Bild vor das geistige Auge zu rufen. Erwartungsbrüche steigern die Aufmerksamkeit.

So erstellen Sie eigene Zeichnungen

Besonders wirkungsvoll sind selbst erstellte Visualisierungen. Wer als Lehrender unterwegs ist oder Vorträge hält, sollte eigene Abbildungen direkt während der Veranstaltung auf Flipchartblätter zeichnen oder bereits erstellte Zeichnungen mitbringen und bei Bedarf präsentieren.

Wer meint, er sei untalentiert und könne nicht zeichnen, kann sich Unterstützung holen. Zum Beispiel bei Sigi Bütefisch, der in seinem Workbook »Clever visualisieren. Besser denken, erklären, inspirieren, lenken mit Sketch4Effects« eine Einführung in die Kunst der Abbildung gibt. Der Autor zeigt, wie man mit Stift und Papier eigene Illustrationen erstellen kann. Der Leser lernt, wie man Gedanken sichtbar machen kann, und findet zahlreiche Anregungen, Übungen und Erklärungen, wie komplizierte Zusammenhänge mit Bildern lebendiger und klarer werden können. Wie das aussehen könnte? Schauen Sie auf den Umschlag dieses Buches, der von Sigi Bütefisch gestaltet wurde.

Ein Beispiel: Sie wollen das geniale System der Fotosynthese erklären. Zeichnen Sie auf ein Flipchartblatt einen Baum, der Kohlenstoffdioxid (CO_2) über die Blätter und Waser über die Wurzeln aufnimmt, daneben eine Sonne, deren Strahlen auf das Blattwerk fallen, anschließend einige Zuckerstückchen sowie Sauerstoff (O_2), den ein Mensch einatmet. Auf der Tonspur läuft: Pflanzen nutzen Licht, Wasser und Kohlendioxid, um daraus Glukose und Sauerstoff zu bilden. Selbst Zahlen, Daten und Fakten, die für unser Oberstübchen oft schwer zu verdauen sind, werden mit Abbildungen lebendig.

Das selbstverständlich reich bebilderte Workbook ist besonders für jeden hilfreich, der mit eigenen Visualisierungen Diskussionen ankurbeln, abstrakte Phänomene vereinfachen und Menschen überzeugen möchte. Ach, Sie können nicht zeichnen? Kein Problem, Schritt für Schritt führt der Autor Sie durch die Kunst der Visualisierung. Wir wissen, dass unser Gehirn zum Lernen Zeit benötigt. Nehmen Sie sich die Zeit! Sie können schon gut zeichnen? Mit dem Workbook optimieren Sie Ihre Kompetenzen.

Buchtipp für Wissenshungrige
Sigi Bütefisch (2023): Clever visualisieren. Besser denken, erklären, inspirieren, lenken mit Sketch4effects. BusinessVillage Verlag, Göttingen.

Was können Sie tun?

* Unser Gehirn denkt in Bildern. Verwenden Sie eine bildhafte Sprache, zum Beispiel mit Metaphern.
* Verwenden Sie ausdrucksstarke bildhafte Redewendungen und verzichten Sie auf abgedroschene, häufig gehörte Bilder, die weitgehend wirkungslos bleiben.
* Metaphern müssen zur Aussage passen. Falsche Metaphern vermeiden: »Das Leben ist wie eine Lawine, mal geht es rauf, mal runter.«
* Besonders effektiv sind selbst erstellte Abbildungen. Bei Vorträgen oder Präsentationen nehmen Sie Stifte und Papier mit. Untermauern Sie Ihre wörtlichen Aussagen mit einer Zeichnung, die Sie auf Flipchartpapier oder anderswo zeigen.
* Die Zeichnungen können Sie auch schon vorab anfertigen. Dann sollten Sie aber verdeckt sein und erst wenn es inhaltsmäßig passt geöffnet werden.

6

Das sagt die Neurowissenschaft zu mentaler Fitness

»Unser visueller Speicher ist das beste Merksystem, das wir haben, und wenn wir unser Gedächtnis ein hoffentlich sehr langes Leben zur Verfügung haben wollen, müssen wir es auch benutzen und fordern.«

*Boris Nikolai Konrad (*1984), Neurowissenschaftler*

6.1 Forever young

»Das Alter ist nicht eine Anzahl von Jahren, sondern eine Lebenseinstellung.«

Stephan Siefken (* 1978), Diplom-Kaufmann und Lehrbeauftragter

»Forever young«, so lautet der Titel eines Songs der Popband Alphaville aus Münster. Er ist 1984 erschienen. Bereits die erste Single wurde weltweit ein Hit. Und weiter heißt es in dieser Hymne auf die ewige Jugend:

Sooner or later, they all will be gone
Why don't they stay young?
Forever young
I want to be forever young
Do you really want to live forever?
Forever, and ever
Forever young.

Neben Unsterblichkeit und fliegen können ist die ewige Jugend einer der tief verwurzelten Menschheitsträume. Dem Alter ein Schnippchen schlagen, das wünschen sich auch heute noch viele Zeitgenossen. Von Michelangelos in Marmor gemeißeltem David, dem Gemälde »Jungbrunnen« von Lucas Cranach dem Älteren, den Liedern »Jungbrunnen« von Johannes Brahms bis heute zum Song »Forever young«: der Jungbrunnen ist Sinnbild des uralten Traums von der ewigen Jugend. Wie jeder Traum entpuppt sich allerdings auch die Vorstellung einer immerwährenden Jugend als Illusion, Wunschdenken und Hoffnung.

Die Biologie klärt auf

Bereits im jungen Erwachsenenalter setzt die Alterung ein. Bis zum Alter der Fruchtbarkeit ist unsere Spezies am gesündesten, damit die Gene an die Nachkommen weitergegeben werden können. Der Alterungsprozess ist genetisch determiniert, er lässt sich jedoch verzögern, wenn man sich gesund verhält, auf Nikotin und Drogen verzichtet, ausreichend schläft, sich sportlich betätigt und sich gegen Sonnenstrahlen schützt. Um den Alterungsprozess zu verlangsamen, greifen viele Menschen auf vermeintlich wirksame Hilfsmittel zurück: Botox, Anti-Aging-Produkte oder Schönheitsoperationen. Das Geschäft mit den leistungssteigernden Substanzen, die den Alterungsprozess zu verzögern versprechen, blüht!

Da das Altern häufig mit dem Sterben, einem Leidensprozess und dem Verlust der Selbstbestimmung verbunden ist, tun sich Menschen mit dem Altern so schwer.

Wenn so viele Menschen von der immerwährenden Jugend träumen, ist es folgerichtig, dass ein Heer von interdisziplinären Wissenschaftlern zu erkunden sucht, wie unser Leben verlängert werden könnte. Hierzu gibt es mehrere Ansätze: Tauschen Zellen Stoffwechselprodukte untereinander aus und wäre dieser Ansatz geeignet, unser Leben zu verlängern? Das haben Wissenschaftler der Charité in Berlin bei Hefezellen entdeckt und gefunden, dass die Zellen dadurch länger am Leben blieben.

Oder zeigt uns Axolotl, der Lurch aus Mexiko, einen Weg? Diese Tiere verfügen über die Fähigkeit, ein großes Repertoire an Strukturen und Organen zu regenerieren. Axolotl sind sogar befähigt, Teile des Gehirns, des Auges oder der Wirbelsäule nachzubilden, wenn Verletzungen oder sogar ein Verlust dieser Körperteile vorliegt. Weiterhin kann der Axolotl bestimmte Zellen in den Urzustand zurückverwandeln. Regenerationsforscher der TU Dresden sind zuversichtlich, dass es in absehbarer Zeit gelingt, dass die Menschen vom Axolotl profitieren können. Die Wissenschaft hat sich zum Ziel gesetzt, grundlegende Erkenntnisse zum Alterungsprozess zu vertiefen, Möglichkeiten zu finden, wie man in den Alterungsprozess eingreifen kann und letztlich einen Weg zu ebnen, um gesünder älter zu werden. Wir können hoffen, dass der uralte Menschheitstraum von der immerwährenden Jugend etwas näher rückt.

Was wäre, wenn wir hundertdreißig Jahre alt würden?

Im Silicon Valley erklären manche die Unsterblichkeit zu einem erstrebenswerten Ziel. Wissenschaftliche Prognosen sprechen von einem erreichbaren Alter von etwa einhundertdreißig Jahren, andere wiederum von einhundertfünfzig Jahren. Voraussetzung hierfür ist, den mehr oder weniger kontinuierlichen Alterungsprozess und vor allem die Anhäufung von Schäden im Körper zu vermindern. Viele in der Technologiebranche tätige Prominente haben Gelder in Projekte gesteckt, um den Tod zu überwinden, als handle es sich dabei nur um ein Upgrade des Smartphone-Betriebssystems.

Die Frage ist, ob wir das eigentlich wollen. Ist unsere Gesellschaft darauf vorbereitet?

Würden die Spannungen zwischen Jung und Alt zunehmen? Welchen Einfluss hat die zunehmende Altersgrenze auf die Verteilung der Ressourcen? Diese Fragen müssten beantwortet werden, wenn es der Wissenschaft gelänge, die biologische Uhr zurückzudrehen. Wissenschaftler sprechen davon, dass diese Entwicklung noch einige Jahrzehnte dauern wird. Diejenigen, die heute geboren werden, könnten davon profitieren.

Positiv denken verlängert das Leben

»Wer positiv übers Alter denkt, lebt bis zu dreizehn Jahre länger«, behauptet die Gerontologin Susanne Wurm (Lutteroth 2023). Ältere Menschen sind nicht per se dement und krank und sitzen zu Hause einsam vor dem Fernseher. Dieser stereotypen Ansicht tritt Susanne Wurm entgegen. Aufgrund ihrer Lebenserfahrung legen Ältere großen Wert auf Lebenszufriedenheit sowie auf die Qualität und Nähe ihrer Beziehungen. Verschiedene Studien zeigen, dass mit dem Eintritt ins Rentenalter bei vielen eine Zunahme der Lebenszufriedenheit zu beachten ist.

Achtzigjährige haben im Laufe ihres Lebens Bewältigungsstrategien entwickelt, eine Art emotionaler Werkzeugkasten. Deshalb sind Verluste lieb gewordener Menschen oder andere Probleme vielleicht eher zu tragen als in jungen Jahren. Die Altersbilder wandeln sich. Älterwerden ist mit gesundheitlichen Einschränkungen verbunden, aber auch mit Freiheiten, sich weiterzuentwickeln. Die heutigen Fünfundsechzigjährigen betrachten ihre eigene Zukunft positiver als frühere Generationen. Viele Menschen begrenzen sich aufgrund ihrer erlebten Jahre selbst. Wer über das Altwerden negativ denkt, vergrößert die Gefahr einer sich selbst erfüllenden Prophezeiung. Und die negativen Annahmen können sich bewahrheiten. Das ist alles eine Frage der inneren Einstellung. Dazu gehört auch folgender Gedanke von Simone des Beauvoir: »Altern heißt sich über sich selbst klar werden.« (gutezitate.com) Menschen mit einem positiven Altersbild können eher auf ihre Ressourcen zurückgreifen. Das ist ein enormer Gewinn.

Was können Sie tun?

* Verzichten Sie frühzeitig auf Nikotin, Drogen und andere Substanzen, die Raubbau an Geist und Körper betreiben.
* Schützen Sie sich vor Sonnenstrahlen, die ihre Hautalterung begünstigen.
* Schlafen Sie ausreichend und bewegen Sie sich sportlich.
* Greifen Sie bei persönlichen und emotional belastenden Verlusten auf Ihre Lebenserfahrung zurück. Welche schwierigen Situationen haben Sie in jüngeren Jahren überwunden und was heißt das für Ihren aktuellen Verlust?
* Zeigen Sie der Altersdiskriminierung die Rote Karte und entwickeln Sie eine Bewältigungsstrategie.
* Denken Sie positiv, wenn Sie das Altwerden im Fokus haben. Das verlängert Ihr Leben.

6.2 So halten Sie Ihr Gehirn auf Trab

»Nur fokussiertes und bewusstes Lernen fördert das Gedächtnis.«

*Martin Korte (*1964), deutscher Biologe*

Mit zunehmendem Alter lässt die Leistungsfähigkeit des Gehirns nach. Das ist ein natürlicher Vorgang. Die Neuroplastizität ist permanent dabei, unser Gehirn zu verändern. Es werden Neuronen auf und abgebaut, verändert und der aktuellen Situation angepasst. Gehirnsubstanz kommt und geht. Und diese ständige Umwandlung trägt dazu bei, dass wir vergessen, falsch erinnern und uns immer wieder Patzer leisten: Wo habe ich den Schlüssel hingelegt, habe ich schon auf eine Mail geantwortet, wie lautet die PIN für meine Kreditkarte? Jeder kennt solche Gedächtnisaussetzer. Das ist kein Zeichen für eine beginnende Demenz, sondern eher eine Schusseligkeit. Der eine ist mehr, der andere weniger schusselig. Immer wieder kommt unser Gehirn aus dem Tritt. Mitunter können Gedächtnisprobleme bei älteren Menschen auch durch Krankheiten ausgelöst werden. Bluthochdruck, ein schlecht eingestellter Diabetes, Probleme mit der Schilddrüse beeinflussen auch die Denkleistungen.

Aber was ist mit sogenannten Neuroenhancern? Pille einwerfen, dann wird alles wieder gut? Die Wirkung hirnleistungssteigernder Medikamente ist meistens fraglich. »Vor allem ältere Menschen empfinden die Notwendigkeit, gegen Probleme wie Vergesslichkeit Maßnahmen zu treffen. Vertrauensvoll kaufen sie teure Trainings. Sie sollen sie geistig fit halten, und im guten Willen werfen sie sich den Geschäftemachern an den Hals« (Macedonia 2018). Schon der römische Philosoph Seneca sagte: »Ein gesunder Geist wohnt in einem gesunden Körper«

»Flüchtigkeitsfehler beim Sprechen oder bei der Planung einer Handlung sind fester Bestandteil unserer Persönlichkeit. Ein interessanter Aspekt der gedanklichen Aussetzer ist folgender: Es sind in der Regel nicht die besonders kniffligen Aufgaben, sondern die monotonen, eher anspruchsarmen Betätigungen, die solche Patzer provozieren« (Gehirn und Geist 2023b). Mit anderen Worten ausgedrückt, können wir sagen: Es ist also die Monotonie, welche die kognitiven Fehler begünstigt. Und dieser Gedanke führt direkt zur Beantwortung der Frage, wie wir unser Gehirn auf Trab bringen können.

Kognitive Alltagsfehler sind lästig, führen allerdings im Allgemeinen nicht zu schwerwiegenden Problemen. Mehrere Fauxpas sind kein Grund, sich Sorgen zu machen.

Sich jung denken: So geht's!

Eines gleich vorweg: Sudoku und Kreuzworträtsel sind pure Zeitverschwendung, sofern man damit die geistige Fitness ankurbeln will. Sie werden dadurch besser in Sudoku und Kreuzworträtseln, eine Übertragung auf andere Hirnleistungen existiert allerdings nicht.

Als Mittel gegen den Abfall der Gehirnleistungen eignen sich insbesondere sportliche Betätigungen. Körperliche Aktivität, zum Beispiel regelmäßiges Spazierengehen an der frischen Luft oder Radfahren oder Laufen, unterstützen uns, den grauen Zellen auf die Sprünge zu helfen. Es geht nicht um den Halbmarathon, schon wenige, regelmäßige Bewegungen fördern die Zunahme geistiger Fähigkeiten! Studien beweisen, dass beispielsweise auch Jonglieren bei älteren Menschen Hirnareale wachsen lässt. Sport fördert das Konzentrationsvermögen, verbessert die Durchblutung des Denkorgans und die Ansteuerung der Muskeln und der Bewegungsplanung.

»Das Arbeitsgedächtnis ist dann leistungsfähiger«, schreibt Martin Korte, »wenn es nicht einen Teil seiner neuronalen Ressourcen aufwenden muss, um negative Emotionen von unseren Denkprozessen fernzuhalten. Wie wir schon gesehen haben, sinkt bei Stress, Angst oder anderen negativen Gefühlen die Leistungsfähigkeit des Arbeitsgedächtnisses.« (Korte 2023a)

Sicher ist aber, dass derjenige, der aufhört zu trainieren, die gewonnene Hirnsubstanz auch wieder verliert. Ein altes Sprichwort lautet: Wer rastet, der rostet!

Untersuchungen haben das interessante Ergebnis gebracht, dass etwa zwanzig Prozent der Frauen und Männer gegen die abnehmende Geisteskraft gefeit sind. Offenbar konnten diese Personen ihr Gehirn erfolgreicher nutzen. Bildgebende Verfahren haben gezeigt, dass die Hirne deutlich besser vernetzt waren als die Gehirne von Menschen, die durchschnittlich altern. Etwa zehn bis zwanzig Prozent lassen sich mit entsprechenden Genen erklären, der Rest sind andere Faktoren: Körperliche Bewegung führt zu einer besseren Vernetzung unseres Denkorgans. Die Weltgesundheitsorganisation (WHO) hat darauf hingewiesen, dass auch soziale Kontakte das Hirn dabei unterstützen, jung zu bleiben (Tüscher 2022).

Das Gehirn muss gefordert werden

Das Gehirn braucht ständig neue geistige Reize, abwechslungsreiche Gehirnarbeit und komplexe Herausforderungen, um in Schwung zu kommen. Wie wir oben gesehen haben, erreicht man mit monotonen Tätigkeiten nichts zur Verbesserung der Denkleistungen. Auch wenn wir uns mit anspruchsvollen Dingen beschäftigen, vermindert die Wiederholung des immer Gleichen die Geisteskraft. Unser Denkorgan ist unterfordert.

Benutzen Sie Ihr Gehirn, beschäftigen Sie sich mit ungewohnten Dingen, gehen Sie ins Theater, in ein Konzert, in eine Kunstausstellung. Verändern Sie den Weg, den Sie bislang immer gegangen sind, und schlagen Sie eine neue Richtung ein – im doppelten Sinn des Wortes.

Mit Respekt vor sich selbst und vor allem mit Freude verankern Sie die Neuigkeiten und vergrößern Sie Ihr Netzwerk.

Allem voran ist es das Lernen, das unser Denkorgan herausfordert. Lernen Sie eine neue Sprache, frischen Sie eine andere Fremdsprache auf.

Wer lernt, profitiert nicht nur vom Wissenszuwachs, er vergrößert seine geistigen Kapazitäten. Und das ist lebenslang sinnvoll. »Wer also langfristig seinen Lernerfolg positiv und effektiv verbessern will«, konstatiert Martin Korte, »egal ob in Schule, Studium, Ausbildung, Beruf oder um im Alter geistig fit zu bleiben, muss sich feste Lerngewohnheiten zulegen und sich mit voller Fokussierung den Übungen selbst widmen.« (Korte 2019d)

Buchtipps für Wissenshungrige

Boris Nikolai Konrad (2022): Mehr Platz im Gehirn. Entspannt mit der Informationsflut und dem modernen Leben umgehen. Ariston Verlag, München.

Boris Nikolai Konrad (2013): Superhirn. Gedächtnistraining mit einem Weltmeister. Über faszinierende Leistungen des menschlichen Gehirns. Goldegg Verlag, Berlin.

Was können Sie tun?

* Falls Sie bemerken, dass die Leistungsfähigkeit Ihres Gehirns nachlässt, bleiben Sie sorglos. Gedankliche Aussetzer sind normal.
* Falls Sie trotzdem besorgt sind, schließen Sie mit medizinischer Unterstützung Stoffwechselkrankheiten aus.
* Verzichten Sie auf Pillen, die Ihnen eine geistige Steigerung vorgaukeln. Sie sind wertlos. Auch Ginkgo biloba tut nichts anderes, als die Durchblutung des Hirns zu steigern. Wirksamkeitsnachweise gibt es nicht. Den gleichen Effekt erzielen Sie auch mit körperlichen Aktivitäten.
* Treiben Sie Sport, gehen Sie (regelmäßig) spazieren, schwimmen oder anderes.
* Fordern Sie Ihr Gehirn heraus. Weniger monotone Tätigkeiten, mehr komplexe und herausfordernde Beschäftigung.
* Nehmen Sie Ihre ritualisierten Abläufe unter die Lupe und verändern Sie diese, wo immer es geht.
* Lernen, lernen, lernen – neue Sprachen, neue Kontakte, neue Gesprächspartner ...

6.3 Wir können stumpfe Routinen und lästige Gewohnheiten ablegen

»Gewohnheiten nutzen uns immer irgendwie oder geben uns eine Art von Befriedigung. Aber das tun eben auch ungesunde Angewohnheiten.«

Bas Verplanken, niederländischer Sozialpsychologe

Steige ich mit dem linken oder rechten Bein in die Hose? Putze ich mir mit der rechten oder linken Hand die Zähne? Fahre ich auf meinem Weg zur Arbeit immer die gleiche Strecke? Würden wir bei jeder dieser Fragen erst im Erinnerungsgedächtnis stöbern, würden wir gar nichts schaffen. Jeden Tag treffen wir Tausende von Entscheidungen, die automatisch wie routinierte Gewohnheiten ablaufen, ohne dass wir darüber nachdenken. Wir besitzen einen sogenannten Autopiloten, der für uns meist unbemerkt seine Arbeit erledigt. Dieser Automatismus spart Energie. Bis zu fünfzig Prozent dessen, was wir täglich tun, so konstatieren Wissenschaftler, sind passive Wiederholungshandlungen, die keine kognitiven Aktivitäten benötigen. Dieser Energiesparmodus verhindert eine Überforderung unseres Oberstübchens. Somit können wir uns um wichtigere Angelegenheiten kümmern, die unsere volle Aufmerksamkeit erfordern.

Gewohnheiten und Routinehandlungen lotsen uns durch den Tag

Gewohnheiten brauchen einen Auslösereiz, das kann ein Ort sein, eine Uhrzeit, eine bestimmte Situation. Im Gehirn wird durch Basalganglien ein neuronales Reaktionsmuster angelegt, das sich ins Hirn einbrennt und neu aktiviert wird, wenn der Auslösereiz auftritt. Basalganglien sind tief im Großhirn liegende Kernbereiche, in denen kompakte Handlungsmuster abgespeichert und in entsprechenden Situationen aktiviert werden.

Gewohnheiten und Routinehandlungen sind per se sehr gut. Sie strukturieren den täglichen Ablauf, stärken somit das Sicherheitsgefühl und sind praktisch, weil die Handlungen nicht kontrolliert werden müssen. Und hier genau liegt der Hase im Pfeffer. Als die neuronalen Muster angelegt wurden, waren sie situativ sinnvoll. Doch oft erkennen wir nicht die damaligen Ursachen der Musterbildung. Unser Denkorgan unterscheidet nicht zwischen schlechten und guten Angewohnheiten. Und aktuell passen die Verhaltensmuster nicht mehr. Zwar sind Routinen und Angewohnheiten fest in unserem Alltag verankert, aber sie nutzen uns nicht nur, sondern stören auch. Gewohnheiten abzulegen, fällt den meisten Menschen schwer. Der Mensch ist ein Gewohnheitstier. Der Automatismus ist stets der gleiche: Auslöser, Verhalten, Belohnung. Hier kommt Dopamin zur Wirkung, das uns mit einem Glücksgefühl belohnt.

Und noch etwas: Gewohnheiten sind überlebenswichtig. »›Die meisten Gewohnheiten ergeben aber Sinn‹, sagt der Sozialpsychologe Bas Verplanken, ›durch sie können wir in der Komplexität der Welt überhaupt überleben.‹ Unser Gehirn wäre ohne Automatismen an der Flut von Reizen und Situationen heillos überfordert.« (Ewert 2020)

So können wir unangenehme Gewohnheiten ablegen

Krisen, wie wir sie in der letzten Zeit erleben, können für unsere Gewohnheiten problematisch werden. Covid-19 hat unseren Alltag und unsere Verhaltensmuster auf den Kopf gestellt. Gerade große Umwälzungen, neuer Beruf, wirtschaftlicher Einbruch oder eine schwere Krankheit, beeinflussen uns stark und wirken belastend auf Geist und Seele. Andererseits sind derartige Änderungen auch eine Gelegenheit, unser Verhalten zu verändern.

Verhaltensgewohnheiten werden uns, spätestens wenn wir sie ändern wollen, bewusst: Rauchen, ungesunde Ernährung, Bewegungsabstinenz, Süßes naschen, Experten nennen sie »mental habits«.

Manche zupfen sich beim Sprechen am Bart, andere kauen ihre Nägel oder schauen in jeder freien Minute auf Facebook nach. Wiederum andere spulen Denkmuster ab, in denen sie beispielsweise auf eine ihnen typische Art mit schlechten Informationen umgehen: die einen glauben fest daran, dass alles besser wird, für die anderen sind es Vorboten einer Katastrophe. Wer sich morgens im Spiegel anschaut und denkt, heute sehe ich aber sehr gut aus, wird diese Grundhaltung mit in den Tag nehmen.

Wer seine (unangenehmen) Gewohnheiten ablegen möchte, ist gut beraten, sich zunächst darüber klar zu werden, in welchen Situationen die Verhaltensmuster auftreten und wodurch sie ausgelöst werden. Wer sie einfach verwerfen möchte, wird scheitern. Erst die Akzeptanz des eigenen Verhaltens in Kombination mit einer Diagnose bietet die Chance einer Veränderung. Als erster Schritt ist es zunächst notwendig, den Auslösereiz zu kennen. Wenn sich beispielsweise jemand abends auf das Sofa setzt und gewohnheitsmäßig zur Tüte mit Knabbereien greift, was er abschaffen möchte, sollte er beim Anblick des Sofas (Auslöser) auf die Knabberei verzichten und diese Routine gegen eine andere austauschen. Anschließend empfiehlt es sich, an den Verhaltensmustern zu arbeiten.

»Am Bewährten festzuhalten, vermittelt das Gefühl der Sicherheit und Geborgenheit und mindert die Angst vor der Zukunft. Die Ausbildung von Gewohnheiten und Routinen und das Festhalten an ihnen entlastet auch unser Gehirn kognitiv, und dies ist ebenfalls eine starke Belohnung.« (Roth 2019c)

Wer seine unangenehmen Routinen abwerfen möchte, könnte sich in kleinen Etappen selbst belohnen. So gelingt eine Veränderung leichter. Hinter den Gewohnheiten stecken – meist unbewusst – persönliche Motive, die man erkennen sollte: Anerkennung, Sicherheit, Eigenständigkeit oder Status und Macht gehören zu den Treibern von Routinen. Grundlegende Motive sind schwer zu durchbrechen, aber die bewusste Erkenntnis ebnet den Weg zur Veränderung.

Gewohnheiten dauerhaft in den Alltag integrieren

Einfacher, als eine alte Gewohnheit abzulegen, ist es, eine neue zu integrieren. Das gelingt durch den Huckepack-Trick: Man nutzt bereits bestehende Angewohnheiten, um eine neue Routine im Huckepack-Verfahren in seinen Alltag zu schmuggeln. Zum Beispiel nach einer Mahlzeit auf Süßes verzichten und einen Apfel essen oder nach dem Essen die Teller in die Spüle stellen oder nach der Arbeit schon zwei Stationen früher die U-Bahn verlassen, um den Nachhauseweg zu Fuß zu beenden. Eine britische Studie hat ergeben, dass diese Huckepack-Methode die Chance verdreifacht, dass ein Vorsatz sich in eine feste Gewohnheit wandelt. An solche wenig komplexen Tätigkeiten kann man sich schnell gewöhnen. Schwieriger ist es beispielsweise, regelmäßig Sport zu betreiben.

Neue Gewohnheiten reifen langsam. Wissenschaftler gehen davon aus, dass insbesondere Essgewohnheiten im Extremfall Monate brauchen, bis das neue Verhalten stabil ist.

Was kann weiterhin hilfreich sein? Sorgen Sie für Druck von außen, indem Sie sich mit Freunden verabreden. Fertigen Sie eine Liste an, auf der Sie erfolgreiche Änderungen abhaken. Planen Sie Veränderungen nur, wenn Sie nicht im Stress sind, dann funktionieren die Gehirnfunktionen, die für die Planung verantwortlich sind. Prüfen Sie, ob die gewünschten neuen Gewohnheiten zu Ihnen passen. Zum Beispiel Sport: Wenn man keine Freude daran hat, sich sportlich zu betätigen, gibt man schnell auf.

Sind unsere Gewohnheiten, wie der amerikanische Philosoph und Psychologe William James vor mehr als einem Jahrhundert feststellte, unser Schicksal? »Machen sie uns zu Marionetten, die auf die Zuckungen in den Synapsen reagieren? Wo bleibt der freie Wille, an den der aufgeklärte Mensch so unabdingbar glaubt?« (Focus Magazin 2023) Eine Handlung wird erst dann zur neuen Gewohnheit, wenn man nicht mehr darüber nachdenkt.

Was können Sie tun

... wenn Sie eine Gewohnheit abwerfen wollen?

* Erkunden Sie den Auslösereiz.
* Arbeiten Sie anschließend an der Routine und finden Sie eine Tauschhandlung.
* Nutzen Sie bevorzugt die Huckepack-Methode, um den Auslöser zu behalten, aber nur das Verhalten zu ändern, das Sie stört.
* Vertrauen Sie Freunden an, was Sie ändern wollen, das erhöht den Druck.
* Notieren Sie die Einzelschritte der Änderung und haken Sie ab, was erledigt ist.
* Feiern Sie jeden Teilsieg, indem Sie sich belohnen.
* Ermitteln Sie, welche Motive hinter dem Verhalten wirken könnten.
* Suchen Sie sich eine stressfreie Zeit aus.
* Überprüfen Sie, inwiefern die Veränderung zu Ihnen passt und sich in Ihren Alltag einfügen lässt.
* Versuchen Sie es erneut, wenn das Vorhaben nicht gelungen ist.

6.4 Wie wir Zeitfresser abschaffen und mehr sinnvolle Zeit gewinnen

»Die Zeit ist die wichtigste Zutat im Rezept des Lebens.«

Charles Darwin (1809–1882), britischer Naturforscher

Morgens nach dem Aufstehen sieht der Tag noch rosig aus. Wir sind zuversichtlich, das geplante Vorhaben verwirklichen zu können, und voller Tatkraft. Doch kaum befinden wir uns im Büro, am heimischen Homeoffice-Schreibtisch oder einfach im Alltagsgeschehen, lauern Gefahren auf uns, die unsere Zeit stehlen. Scheinbar unbemerkt schleichen sie sich heran, und schwupp ist es Nachmittag und man hat immer noch nicht das geschafft, was man sich vorgenommen hatte.

Wo ist die Zeit geblieben?

Zunächst sieht es harmlos aus. Kurz mal eine E-Mail beantwortet, bei WhatsApp Geburtstagsgrüße gesendet, im Internet ein neues Gadget bestellt, ein wichtiges Telefonat erledigt, dann zeigt ein Blick auf die Uhr des Smartphones, dass es spät geworden ist. Zeitnot meldet sich. Die zahlreichen Zeitkiller summieren sich. Untersuchungen haben ergeben, dass User durchschnittlich elfmal pro Stunde kontrollieren, ob sie neue Nachrichten bekommen haben. Das sind achtundachtzig Unterbrechungen in einem achtstündigen Arbeitstag. Siebzig Prozent aller E-Mails werden innerhalb von wenigen Sekunden nach dem Eintreffen geöffnet. Viele Zeitgenossen haben ihr E-Mail-Programm ständig im Hintergrund geöffnet, obwohl die meisten E-Mails ohnehin von geringer Bedeutung sind oder uns nur im CC erreichen.

Untersuchungen verraten uns, dass wir nach jeder Unterbrechung mehrere Minuten benötigen, um uns in den vorherigen Vorgang wieder einzudenken. Oft gehen dabei auch noch wichtige Gedanken verloren, auf die wir nicht mehr kommen. Mit »kurz mal eben« haben wir kostbare Minuten oder sogar Stunden verplempert.

Wir unterscheiden innere und äußere Zeitdiebe. Einige können wir beeinflussen, andere nicht. Meistens handelt es sich um sogenannte Stressoren, die uns zeitliche Probleme bereiten. Zeiträuber sind wirkmächtig, weil sie unser Zeitmanagement außer Kraft setzen.

Stressoren fressen Zeit

Die Unterscheidung zwischen gutem Eustress und schlechtem Disstress hat die Forschung widerlegt. Das Gehirn macht bei Stress keine Unterschiede, sondern setzt stets den gleichen Ablauf in Gang. Was geht im Körper dabei vor? Zunächst einmal ist Stress ein biologischer Mechanismus, der zum Überleben notwendig ist. Wir kämpfen oder fliehen, alle anderen Gehirnfunktionen werden untergeordnet. Die Verdauung wird abgeschaltet, das Blut wird verdickt, das Immunsystem verstärkt, das Herz rast und die Alveolen der Lungen blähen sich auf. Ein biologischer Prozess, der uns zu überleben hilft, wird, wenn er zu einem falschen Zeitpunkt auftritt, zu einem Problem. Besonders dramatisch ist es, wenn der Stress chronisch wird, also kein Ende nimmt. Unser Stress taucht in unseren Zeiten selten durch eine äußere Bedrohung auf, sondern wir machen ihn selbst. Er entsteht in unserem Kopf. Was geschieht, wenn ich meine E-Mails öffne, was passiert, wenn ich vor die Tür gehe oder meine Kontoauszüge lese, wie geht es weiter in dem Konflikt mit einem Kollegen? In sorgenvollen Situationen beginnen viele Menschen zu grübeln. Das Wort grübeln kommt aus dem Mittelhochdeutschen und bedeutet graben. Viele Menschen grübeln am Tag und graben auch noch im Bett nach Auswegen. Sie haben sich über etwas, jemanden oder sich selbst geärgert, und die Gedanken kreisen in einer unaufhörlichen Schleife. So kann aus einer nicht bedrohlichen Situation chronischer Stress entstehen. Schlafmangel kommt hinzu und verstärkt den Stress.

Die Zeitkiller im Überblick

Wie wir gesehen haben, sind es vor allem die Zeitkiller und der dadurch verursachte Druck, die uns in Zeitnot bringen. Zu den Top-Zeitfressern gehört das Smartphone. Nur einen Klick entfernt buhlen Apps, Mailprogramme und Push-Mitteilungen um unsere Aufmerksamkeit. Haben wir erst mal das Mobile in der Hand, lassen wir uns gerne ablenken. Die Ablenkungsdichte erschwert das konzentrierte Arbeiten und es fällt schwer, Relevantes von Unwichtigem zu unterscheiden. Wir lesen schneller und oberflächlicher und die Speicherkapazität des Gehirns nimmt ab.

Ein weiterer Zeitfresser ist die Perfektion. Wer sich in Details verliebt, möchte seine Arbeit perfekt erledigen. Das wird im Arbeitsleben häufig positiv bewertet. Der Nachteil besteht darin, dass Perfektion Zeit kostet und, falls andere Kollegen auf die Ergebnisse warten, dort der Unmut wächst und Auseinandersetzungen drohen.

Wer nach wie vor viele wie Zeitgenossen meint, mit Multitasking würde man Zeit sparen, weil mehrere Dinge zugleich erledigt werden, kennt die Arbeitsweise unseres Gehirns nicht. Unser Denkorgan ist nicht in der Lage, mehrere Anforderungen zugleich zu bearbeiten. Multitasking ist fehlerhaft und man benötigt noch mehr Zeit, um diese Fehler wieder auszubügeln. Außerdem ist Multitasking für die meisten Menschen stressig, die Folgen haben wir oben beschrieben! Paralleles Arbeiten ist mit unserem Denkorgan nicht möglich. Man riskiert eine mentale Überlastung und die geistige Leistungskraft nimmt sogar ab.

Wer falsche Prioritäten setzt, verzettelt sich leicht, bearbeitet Nebenaspekte und gerät in Zeitnot, weil er sich in Nebensächlichkeiten verliert. Dringlichkeit und Wichtigkeit voneinander zu unterscheiden hilft, die richtigen Prioritäten zu setzen.

So eliminieren wir die Zeiträuber

Als Nummer eins der Zeitfresser gilt das Smartphone. Deshalb wäre es ratsam, das Mobile mit Apps auszustatten, die einzelne Funktionen ausschalten oder sogar das ganze Handy in bestimmten Zeiten verstummen lassen. Alternativ können Sie Ihr Smartphone auch gleich in einem Nebenraum deponieren. Die Ablenkungsbereitschaft sinkt, wie mehrere Studien ergeben haben.

Bestimmte Aufgaben zu stapeln und vergleichbare Tätigkeiten zusammenzufassen und zu bearbeiten hilft, die verfügbare Zeit in den Griff zu bekommen. Legen Sie fest, in welchem Zeitkorridor Sie telefonieren wollen. Weisen Sie auf Ihrem Anrufbeantworter darauf hin, dass eintreffende Telefonate ab einer bestimmten Zeit nicht mehr beantwortet werden.

Bleiben Sie bei Ihrer Arbeit immer bei der spezifischen Aufgabe und vermeiden Sie einen Wechsel in andere Bereiche. Reduzieren Sie die Menge und den Umfang Ihres geplanten Vorhabens. Bauen Sie Pausen ein, in denen Sie medienfrei etwas anderes tun, beispielsweise aus dem Fenster schauen und die Gedanken fliegen lassen. Bereits winzige Pausen reichen oft, um sich anschließend erneut dem Projekt zu widmen. Pausen entlasten Ihr Gehirn und erleichtern eine Speicherung. Konzentrieren Sie sich geistig auf das, was Sie tun, und lassen Sie sich nicht stören. Falls Sie sich selbst unter Druck setzen, fragen Sie sich, warum Sie das tun.

Wenn Sie bei einer Arbeit partout nicht weiterkommen, keine Ideen haben und Ihr Denkorgan keine gewünschten Gedanken hervorbringt, machen Sie einen Spaziergang. Ihr Gehirn arbeitet unmerklich weiter an der Fragestellung und gibt das Ergebnis nach der Spazierpause preis. Gönnen Sie sich doch immer wieder mal einen Tag ohne Ihr Smartphone oder andere digitale Geräte. (In den Kapiteln 4.3 »Leistungsturbo ›Handy aus‹: Digitale Reizreduktion für neue Denkräume« und 4.4 »Handyfasten und digitale Entgiftung« erfahren Sie mehr Details, wie man mit einer medienfreien Zeit besser seine Ziele erreicht.)

Wer sich im Zeitkorsett eingeengt fühlt und von Zeitnot malträtiert wird, hat beste Chancen, zufriedener zu leben, wenn er die Zeitkiller weitgehend eliminiert. Es ist nicht leicht, gegen den Strom der Zeiterscheinungen zu schwimmen, aber möglich! Nutzen Sie die gewonnene Zeit für zu lange brachliegende Interessen, wenden Sie sich Dingen zu, die Sie lange vor sich hergeschoben haben und unternehmen Sie Premieren, also Dinge, die Sie noch nie getan haben. Sie werden staunen, wie gut Sie sich fühlen.

6.5 Das eigene Stresstoleranzfenster kennen und nutzen

»Wir haben verlernt, wie Erholung geht.«

Ilona Bürgel (*1964), Psychologin und Sachbuchautorin

Wieder keine Zeit? Das ist ein Irrtum! Zeit ist für jeden genug da, sie ist nur falsch verteilt.

Ob im Netz, im E-Mail-Postfach oder im Briefkasten, überall lauern Ratgeber, welche neuen Klamotten jetzt angesagt sind, wie man seine Muskeln trainieren sollte oder was zu einer perfekten Ausrüstung zum Wandern gehört. Es werden die besten Urlaubstipps gegeben, Newsletter angeboten und Fachbücher von Gesundheitspäpsten empfohlen. Und zu allem Überfluss: Apps, die versprechen zu zeigen, wie man seine Zeit optimieren kann ...

Zeitfresser sind unersättlich

Wir sind einer Flut von Ratgebern ausgesetzt beziehungsweise wir lassen die unverlangt gesendeten Ratschläge zu. Das stresst gewaltig!

Darüber hinaus ist unser Kalender vollgestopft mit Terminen, das Smartphone buhlt mit optischen und akustischen Meldungen um unsere Aufmerksamkeit und Anrufe vermitteln Dringlichkeit. Auch das stresst mächtig.

Kurzum: Wir sind von Zeitfressern umzingelt, kommen nicht zur Ruhe und zeigen alarmierende Symptome von Stress: Herzrasen, Unruhe, Gereiztheit, Nervosität und ebendas Gefühl, nie Zeit zu haben. Zuweilen sieht es so aus, als ob der Stress unser liebster Feind ist.

Doch wissen wir, dass die Menschen sehr unterschiedlich auf Stress reagieren. Die einen zeigen eine gewisse Gelassenheit, andere versuchen hektisch den Berg von Aufgaben abzuarbeiten und wiederum andere verabschieden sich von der Informationsflut, sie schalten ihre Geräte einfach mal ab!

Das Stresstoleranzfenster

Jeder Mensch hat, darauf weist Birgit Schumacher in ihrem Buch »Psychologische Sicherheit« hin, ein individuelles Stresstoleranzfenster, das sich während der Kindheit entwickelt hat. »Wenn sich das Nervensystem eines Kindes ungestört entwickeln kann, wird es im Erwachsenenalter ein breites Stresstoleranzfenster haben. Umgekehrt gilt dasselbe.« (Schumacher 2023: 31)

> **Buchtipp für Wissenshungrige**
> Birgit Schumacher (2023): Psychologische Sicherheit. Das Entwicklungselixier für persönliches Wachstum, Teams und Organisationen. BusinessVillage Verlag, Göttingen.

Nicht nur das Stresstoleranzfenster ist verschieden, die Menge an Stressoren entscheidet über deren Wirkung. Es gibt weder negativen noch positiven Stress. Der Begriff wird weitgehend in einem negativen Kontext gesehen. Wir kennen allerdings auch Situationen, in denen Stress nützlich ist. Er kann zu Höchstleistungen anspornen, zur Entscheidungsfindung beitragen oder als Motivator für Lösungen dienen. Erst wenn Stress ein Dauerzustand ist, wird die Kontrollinstanz im Gehirn vermindert.

Forscher des Max-Planck-Instituts haben festgestellt, dass überwiegend sozialer Stress problematisch und gesundheitsschädigend ist: eine schwierige Beziehung, ein drückendes Betriebsklima oder sogar der Stau auf der Autobahn. Sozialer Stress ist seit ewigen Zeiten ein alarmierender Indikator. Unser Gehirn ist ein soziales Organ und der Mensch ist ein soziales Wesen. Nur in der Gruppe konnten wir die Evolution gut überstehen. Bis zum heutigen Tage begleitet uns noch die Steinzeit.

Muskeln rauf, Gedächtnis runter

Was geschieht im Organismus, wenn wir gestresst sind? Es werden Hormone freigesetzt, die unser Verhalten beeinflussen: Adrenalin, Noradrenalin und vor allem Cortisol. Durch diese Stresshormone kommt es zu einer Leistungssteigerung der Muskeln und zu einer vermehrten Sauerstoffversorgung. Es startet ein archaisches Programm, der Blutdruck steigt, der Herzschlag erhöht sich und die Atmung wird schneller und tiefer. Der gesamte Organismus wird in den Kampf- oder Fluchtmodus versetzt.

Da wird klar, dass dem Gehirn eine untergeordnete Bedeutung zukommt. Deshalb kommt es in unserem Denkapparat zu kognitiven Defiziten. Die Lern- und Gedächtnisleistung nimmt massiv ab, Verbindungen der Nervenfasern werden destabilisiert und Erinnerungen reduziert. Zusätzlich werden bedeutende Gedächtnisregionen aktiviert, die Stress auslösende Situationen gut abspeichern. Auf diese Weise lernen wir, uns vor dem Stressor in Acht zu nehmen.

Die besten Freunde sind der Papierkorb und der Ausschalter

Es gibt eine Reihe von Empfehlungen, wie man Stress vermeiden kann. Völlig kurios ist der Ratschlag, eine Anti-Stress-App zu installieren. Man hört dann zum Beispiel Vogelgezwitscher und einen plätschernden Bach. Also ausgerechnet mit dem Smartphone, das häufig Stress auslöst, soll der Stress bekämpft werden? Von daher verwundert es kaum, dass vergessen wurde, diese App vollständig zu installieren, weil dabei andere Informationen erfolgreich auf Beutefang gingen.

Vielversprechender scheint der Tipp zu sein, kurz kalt zu duschen, das reduziert den Stress und stärkt das Immunsystem.

Ilona Bürgel, Sachbuchautorin und Psychologin, erklärt: »Ein riesiger Irrtum ist, dass Nichtstun die größte Erholung ist.« Wir sollten stattdessen etwas tun, wofür wir im Berufsalltag keine Zeit aufbringen, ein Besuch im Museum oder im Restaurant oder die Lektüre eines Buches.

»Eine wichtige Rolle spielt das Kuschel- oder Entspannungshormon Oxytocin«, so Ilona Bürgel, »dessen Ausstoß dazu führt, dass das Stresshormon Cortisol ausgeglichen wird. Oxytocin wird gebildet, wenn wir lächeln, wenn wir Menschen berühren, uns in die Augen schauen oder uns schöne Gedanken machen.« (Voit 2019)

Fazit: Es gibt kein Patentrezept gegen Stress. Stress im Arbeitsleben zu dämonisieren, hilft wenig. Denn wer ihn fürchtet, leidet stärker darunter. »Ein mittleres Maß an Herausforderungen, die sich mit regelmäßigen Ruhephasen abwechseln, bietet somit die beste Chance auf ein rundum zufriedenes Leben.« (Gehirn & Geist 2022)

Äußerst wirksam sind der Papierkorb und – ganz zeitgemäß – der Ausschalter an elektronischen Geräten. Gehirn und Geist benötigen eine medienfreie Auszeit mit wenig Ablenkung, viel Kuscheln und Kontakt mit lieben Menschen. Stress beginnt im Kopf, die Lösung auch.

Was können Sie tun?

* Akzeptieren Sie den Stapel Arbeit, anstatt die Belastung zu beklagen, und ändern Sie das, was in Ihrer Hand liegt.
* Notieren Sie sich handschriftlich auf einer Liste, was bei Ihnen Stress besonders auslöst.
* Streichen Sie alle Stressoren und notieren Sie dahinter, wie Sie sie ausschalten. Tun Sie es!
* Kleben Sie diese Liste an den Badspiegel, an das Armaturenbrett Ihres Autos oder von innen an die Wohnungstür.
* Bestellen Sie alle Newsletter und Werbemails ab, die Sie nicht brauchen. Legen Sie sich einen SPAM-Ordner zu, in dem Sie unnütze oder gefährliche Mails sammeln. Leeren Sie immer wieder Ihren Spamordner.
* Unterbrechen Sie Ihre Tätigkeiten mit entspannenden Pausen, gehen Sie spazieren, telefonieren Sie außerhalb Ihres Büros oder Arbeitszimmers mit Freunden und denken Sie an ein erfreuliches Vorhaben.
* Pflegen Sie soziale Beziehungen, Stresskiller Nummer eins sind Umarmungen!
* Unternehmen Sie etwas Ungewohntes: Besuchen Sie ein Museum, einen Zoo, einen botanischen Garten, ein Aquarium ...

7 Konzentriert und mit neuem Köpfchen das Leben angehen

»Wer immer tut, was er schon kann, bleibt immer das, was er schon ist.«

Henry Ford (1863–1947), US-amerikanischer Erfinder und Automobilpionier

»Um das Leben zu leben, das Sie wollen, müssen Sie nicht nur das Richtige tun, sondern auch das Falsche unterlassen.«

Nir M. Eyal (1980), US-amerikanischer Autor und Psychologe

Alles beginnt im Kopf

Ob Sie eine Reise planen, Entscheidungen treffen, kommunizieren oder Konflikte lösen wollen, alles beginnt im Kopf. Sie wollen glücklicher leben, Ihre Talente entdecken, bis in hohe Alter fit bleiben, lästige Gewohnheiten abbauen, persönliche Kraftquellen entdecken und Veränderungen anstreben? Auch diese Vorhaben gelingen nur mit Ihrem Gehirn. Jedes Handeln und auch jede Lösung für eine Herausforderung beginnt bei uns – oder genauer: in unserem Kopf. Wer nicht nach Ostereiern sucht, wird auch keine finden. Und wer sich nicht verändern will, wird auch keine Veränderungen erleben.

Unser Gehirn will Energie sparen und die bestmögliche Zukunft

Unser Oberstübchen wird gerne mit Superlativen bedacht. Das Hirn ist ein Wunderwerk der Evolution, das faszinierendste Organ, das wir haben, und das beste Superbrain aller Zeiten. Das mag alles richtig sein, doch dieser Alleskönner ist nicht so perfekt, wie er scheint. Wir vergessen vieles, können uns an manches nicht erinnern und verfälschen oder vertauschen Erinnerungen. Wir erfinden sogar nie stattgefundene Ereignisse, von denen wir fälschlicherweise glauben, daran teilgenommen zu haben. Und oft meinen wir, unser Hirn lässt uns im Stich, es funktioniert nicht mehr richtig, und glauben, eine beginnende Demenz macht sich bemerkbar.

Das ist allerdings ein Fehlschluss. Unser Denkorgan arbeitet nur mit anderen Zielen. Es will eine überlebenstaugliche und bestmögliche Zukunft aufbauen. Es konstruiert aus den bisherigen und aktuellen Erfahrungen das Beste für seine gute Zukunft und verfolgt keineswegs die Absicht, die Vergangenheit zu verschönern.

Zusätzlich ist unser Gehirn ein Sparfuchs. Menschliche Gehirne verbrauchen so wenig Energie wie möglich. Energie zu sparen und eine gute Zukunft im Blick zu haben, sind zwei lebenswichtige Aktivitäten, deren Folgen uns zuweilen verblüffen oder ärgern mögen. Insgesamt betrachtet sind sie uns sehr nützlich.

Wenn Sie dieses Buch mit dem Anspruch gelesen haben, nun etwas mehr über die Funktionsweise des Gehirns zu erfahren und zu verstehen, hat sich Ihr neuronales Netzwerk verändert. Ob Sie wollen oder nicht. Alles, was in Ihrem Denkorgan bearbeitet wird, verändert die Strukturen im Hirn. Bestehende Synapsen verstärken sich, werden schwächer oder abgebaut. Beschäftigen Sie sich mit anderen Dingen, geschieht das Gleiche, nur anders. Unser Gehirn ist eine immerwährende Baustelle. Permanent wird aufgebaut, abgebaut und umgebaut.

Diese grundlegende Denkrichtung unseres Gehirns sollten Sie im Auge behalten, wenn Sie Ihre Aufmerksamkeit Ihrem wichtigsten Organ widmen wollen, um das unendliche Potenzial zu entdecken, das in den Windungen Ihres Gehirns steckt.

Erschließen Sie Ihre Kraftquellen

Wer seine Kraftquellen anzapfen will, sollte zwei Aspekte beachten: Erstens müssen Sie – egal was Sie planen – immer bei sich selbst anfangen. Zweitens sollten Sie genau wissen, bei welchen Tätigkeiten Sie Kraft gewinnen und bei welcher Beschäftigung Sie Kraft verlieren. Meistens sind unliebsame, lustlose Arbeiten diejenigen, bei denen man Kraft verliert, und Arbeiten, die man gerne tut und denen man sich bevorzugt widmet, Kraftspender. Wahrscheinlich sind ausschließlich kraftspendende Aktivitäten eher selten. Trotzdem lohnt es sich, Ihre persönlichen Kraftquellen zu finden.

Viele Menschen im Arbeitsleben sind engagiert, hochgradig konzentriert und fleißig. Und sie haben oft das Gefühl, in einem Hamsterrad zu ackern. Enttäuschungen sind mitunter vorprogrammiert. Jedem sollte klar sein, dass das Hamsterrad keine Karriereleiter ist.

Veränderungen gelingen schrittweise

Nichts ist so beständig wie der Wandel. Rund um uns herum verändert sich unaufhörlich nahezu alles. Auch wir streben danach, uns oder andere Menschen zu verändern. Es klingt paradox. Wir wollen Sprachen lernen, lästige Rituale abbauen, gewohnte Pfade verlassen oder Neues entdecken. Und oft meldet sich sofort ein ausgeprägtes Beharrungsvermögen. Unser Gehirn will keine Änderungen. Das wäre zu aufwendig und kostet zu viel Energie. Deshalb wollen viele Menschen lieber alles so lassen, wie es ist. Erst wenn der Nutzen, der eine Veränderung verspricht, größer ist als der Schaden, der zu erwarten ist, wenn alles so bleibt, steigt die Bereitschaft, sich zu verändern. Planen Sie eine schrittweise Veränderung, weniger ist auch hier mehr. Seien Sie sich selbst ein guter Freund und überfordern Sie sich nicht. Veränderungen gelingen leichter, wenn sie mit Humor daherkommen.

Humor ist, wenn man trotzdem lacht

Wer lacht, lebt gesünder. Die Gehirnforschung hat aufgezeigt, dass Lachen nicht nur das Eis bricht und dass Humor mehr ist als nur ein kurzweiliges Vergnügen. Der heitere Gemütszustand aktiviert spezifische Regionen im Gehirn, die für Belohnung und Motivation zuständig sind. So führt das Lachen zur Ausschüttung von Dopamin, einem Neurotransmitter, der das Belohnungszentrum stimuliert und damit die Aufmerksamkeit und das Gedächtnis verbessert. Diese biochemischen Prozesse erleichtern das Speichern von Informationen und begünstigen kognitive Verknüpfungen. Des Weiteren senkt Humor die Stresshormone, was zu einer entspannteren und aufnahmebereiteren Atmosphäre beiträgt. Außerdem fördert Humor das Lernen und ist der Türöffner für Kontakte. Ein humorvoller Umgang festigt die Beziehungen. Humor, so wissen wir, ist die beste Medizin.

Zweiundsiebzig-Stunden-Regel: Jetzt oder nie!

Unabhängig davon, was Sie ändern wollen: Alles, was Sie sich vornehmen, sollten Sie innerhalb von zweiundsiebzig Stunden anpacken. Ansonsten sinkt die Wahrscheinlichkeit für die Umsetzung Ihres Vorhabens auf etwa ein Prozent.

Erklärungen für diese Regel sind mangelnder Wille und Entschlossenheit, der innere Schweinehund sowie Glaubenssätze. Veränderungen müssen vom Kopf her gewünscht sein, vom Herzen her gemocht und von der Hand her angepackt werden. Sonst bleibt es bei einem frommen Vorsatz wie an Silvester, der spätestens ein paar Wochen später in der Versenkung verschwunden ist. Die Zweiundsiebzig-Stunden-Regel ist natürlich kein Gesetz, eher eine Faustformel. Die Umsetzungswahrscheinlichkeit sinkt mit jedem Tag. An Tag vier ist meistens Schluss. Wer will, findet Wege, wer nicht, will Gründe.

Wie wir uns vom Perfektionismus befreien

Wer perfekte Ergebnisse liefern will, hat mitunter vergleichbare Hindernisse im Kopf wie diejenigen, die ihre Planungen nicht verwirklichen können. Nur umgekehrt. Was dem einen an Willensstärke fehlt, hat der andere im Übermaß: das Streben nach Vollkommenheit, verbunden mit hohen Ansprüchen und Erwartungen an sich selbst. Dahinter verbirgt sich oft eine Versagensangst und ein Minderwertigkeitsgefühl.

Seien Sie gnädig mit sich selbst. Verzichten Sie auf den Vergleich mit anderen, machen Sie ruhig Fehler, legen Sie doch einfach mal los.

Menschen sind unterschiedlich. Auch wenn zwei Menschen dasselbe wahrnehmen, im Kopf ändern sich die Gedächtnisspuren. Das liegt daran, dass zwei Gehirne niemals gleich sind. Alles, was in den Kopf gelangt, betrachten wir aufgrund unserer individuellen Erfahrungen, Erwartungen und biologischen Gegebenheiten.

Was können Sie tun?

* Wollen Sie eine Sprache, die Sie einmal gelernt haben, wieder auffrischen oder erweitern? Greifen Sie zu dem Lehrbuch, das Sie damals verwendet haben. Falls Sie dieses Lehrbuch nicht mehr finden oder haben, suchen Sie im Antiquariat.
* Wollen Sie Gedanken, Listen oder wichtige Passagen eines Buches festhalten? Machen Sie sich handschriftliche Notizen. Schreiben Sie sich schlau!
* Haben Sie sogenannte gute Vorsätze? Statistiken zeigen, dass sie nur etwa 3,7 Monate lang eingehalten werden. Unser Gehirn unterscheidet nicht zwischen guten oder schlechten Vorsätzen. Gewohnheiten geben Stabilität und sparen Energie. Sie können allerdings auch zu einer Belastung werden.
* Wenn Sie etwas lernen wollen, beispielsweise Vokabeln, bewegen Sie sich dabei. Das fördert das Behalten.
* PIN vergessen? Verknüpfen Sie die Zahlenkombination der PIN mit einer Geschichte.
* Beispiel 1: 5741, fünf Freunde, die am Sonntag (Tag sieben der Woche) mit dem Segelboot (Form einer vier) zum Leuchtturm schippern (Form einer eins).
* Beispiel 2: Den Ziffern der PIN einen bestimmten Ort in Ihrer Wohnung zuweisen: 9351, neun Stufen bis zum Haus, man muss durch drei Türen gehen, an der Garderobe sind fünf Haken und in der Küche gibt es ein Fenster.
* Beispiel 3: Ziffern mit Monaten verbinden: Liegen die Ziffern zwischen eins und zwölf, können sie als Monats- oder Jahresangaben gelesen werden, zum Beispiel 0785 = Juli 1985. Jahreszahl: wenn die Ziffernfolge zwischen 0000 und 2023 liegt, 1945: Ende Zweiter Weltkrieg
* Walnüsse machen schlau! Aufgrund vieler gehirngerechter Inhaltsstoffe gelten sie als besonders gute Nahrung fürs Gehirn. Und es ist schon sehr interessant, dass Walnüsse aussehen wie unsere beiden Hirnhälften.

Literatur

Hinweis: Alle Links sind zuletzt im März 2024 abgerufen worden.

www.aphorismen.de

ARD alpha (2023): Was wirklich glücklich und zufrieden macht. Sendung vom 27. Oktober 2023. www.ardalpha.de/wissen/psychologie/glueck-gluecksforschung-weltglueckstag-gluecklich-tag-des-gluecks-100.html

Henning Beck (2023): Zwölf Gesetze der Dummheit. Denkfehler, die vernünftige Entscheidungen in der Politik und bei uns allen verhindern. Kapitel: Die drei Grundregeln der Veränderung Econ, Ullstein, Berlin.

Henning Beck (2020a): Das neue Lernen heißt Verstehen. Kapitel: Die Obergrenze des ... äh ... na ... des ... Lernens. Ullstein, Berlin.

Henning Beck (2020b): Das neue Lernen heißt Verstehen. Kapitel: Der optimale Weg des Lernens. Ullstein, Berlin.

Henning Beck (2020c): Das neue Lernen heißt Verstehen. Kapitel: Das Verführungsprinzip – eine Anleitung zur Bildung von morgen. Ullstein, Berlin.

Vera F. Birkenbihl (2018): Wie Lernen gelingt. Mit 17 konkreten Methoden, Tricks und Lernspielen. mvg Verlag, München.

Niels Boeing, Jens Lubbadeh, Max Rauner (2015): ZEIT online: Evolution. Phono Sapiens. 22. Juli 2015. https://www.zeit.de/zeit-wissen/2015/04/evolution-smartphone-mensch-weiterentwicklung.

György Buzsáki (2023): Wie das Gehirn die Welt konstruiert. https://www.spektrum.de/magazin/kognition-wie-das-gehirn-die-welt-konstruiert/2141862.

Sigi Bütefisch (2023): Clever visualisieren. Besser denken, erklären, inspirieren, lenken mit Sketch4Effects. BusinessVillage, Göttingen.

Volker Busch (2021a): Kopf frei. Wie Sie Klarheit, Konzentration und Kreativität gewinnen. Kapitel: Können Frauen das besser? Droemer E-Book, München.

Volker Busch (2021b): Kopf frei. Wie Sie Klarheit, Konzentration und Kreativität gewinnen. Kapitel: Räumen Sie auf! Droemer E-Book, München.

Volker Busch (2021c): Kopf frei. Wie Sie Klarheit, Konzentration und Kreativität gewinnen. Kapitel: Schenken Sie sich Konzentration. Droemer E-Book, München.

Rita Carter (2022): So bleibt Ihr Gehirn fit. Mit vielen praktischen Inspirationen für einen aktiven und gesunden Geist. Dorling Kindersley, München.

Rita Carter (2014): Das Gehirn. Anatomie, Sinneswahrnehmung, Gedächtnis, Bewusstsein, Störungen. Dorling Kindersley, München.

Markus Czerner (2022): Alles Kopfsache. Erfolg ist kein Glück. BusinessVillage, Göttingen.

Gunter P. Eckert (2021): Machen Walnüsse schlau? Fragen an das Gehirn. Fragestellerin: Lotta R. aus Stuttgart. https://www.dasgehirn.info/aktuell/frage-an-das-gehirn/sind-walnuesse-gut-fuers-gehirn.

Paul Ekmann (2010): Gefühle lesen. Wie Sie Emotionen erkennen und richtig interpretieren. 2. Auflage, Spektrum Akademischer Verlag, Heidelberg.

Tobias Esch (2023): Selbstheilungskräfte. So aktivieren Sie den inneren Arzt. Ein Interview. Geo Wissen, https://www.geo.de/wissen/gesundheit/21086-rtkl-selbstheilung-so-aktivieren-sie-den-inneren-arzt.

Tobias Esch (2021): Von der Kunst des Weglassens. Warum es an der Zeit ist, das sinnentleerte Streben nach Mehr infrage zu stellen. Goldmann, München.

Katrin Ewert (2020): Die Macht der Gewohnheit. https://www.planet-wissen.de/gesellschaft/psychologie/gewohnheiten/index.html.

Helmut Fink, Rainer Rosenzweig (Hrsg.) (2020): Was hält uns jung? Neuronale Perspektiven für den Umgang mit Neuem. Kortizes, Nürnberg.

Erich Follath und Gerhard Spörl (2007): Was Städte sexy macht. In: Der Spiegel 34/2007. https://www.spiegel.de/politik/was-staedte-sexy-macht-a-10a36861-0002-0001-0000-000052637644.

Forschung & Lehre (2022): Warum intensives Denken müde macht. https://www.forschung-und-lehre.de/forschung/warum-intensives-denken-muede-macht-4927.

Stefan Frädrich (2023): Ziele sind nicht zielführend. In: managerSeminare, Heft 307, 10/2023, Seite 16. https://www.managerseminare.de/ms_Artikel/Speakers-Corner-Ziele-sind-nicht-zielfuehrend,283859.

Erhan Genç (2022): Weniger vernetzte Gehirne sind intelligenter. https://www.biologie-seite.de/News/Weniger_vernetzte_Gehirne_sind_intelligenter.html.

Gerd Gigerenzer (2013): Risiko. Wie man die richtigen Entscheidungen trifft. 6. Auflage, C. Bertelsmann, München.

Friedrich Glasl (2011): Selbsthilfe in Konflikten. Konzepte, Übungen, praktische Methoden. 6. Auflage, Haupt, Bern, Schweiz.

https://gutezitate.com

John-Dylan Haynes, Matthias Eckoldt (2021): Fenster ins Gehirn. Wie unsere Gedanken entstehen und wie man sie lesen kann. Ullstein, Berlin.

Jochen Hörisch (2023): Ökonomie der Aufmerksamkeit. Deutschlandfunk, 28. Juni 2023, https://www.deutschlandfunk.de/oekonomie-der-aufmerksamkeit-100.html.

Anna Höcker, Margarita Engberding und Fred Rich (2021): Heute fange ich wirklich an! Prokrastination und Aufschieben überwinden. Ein Ratgeber, Hogrefe Verlag, Göttingen.

Hannes Horngacher (2019): Neuroleading. Praktische Tipps zum gehirngerechten Führen von Teams und Menschen. 2. Auflage, FQL Publishing, München.

Markus Hornung (2018): Der Abschied von der Sachlichkeit: Wie Sie mit Emotionen tatsächlich für Bewegung sorgen. BusinessVillage, Göttingen.

Gerald Hüther (2013): Bedienungsanleitung für ein menschliches Gehirn. Die Macht der inneren Bilder. Biologie der Angst. Vandenhoeck & Ruprecht, Göttingen.

Gerald Hüther (2015): Etwas mehr Hirn bitte. Eine Einladung zur Wiederentdeckung der Freude am eigenen Denken und der Lust am gemeinsamen Gestalten. Vandenhoeck & Ruprecht, Göttingen.

Gerald Hüther (2016): Mit Freude lernen – ein Leben lang. Vandenhoeck & Ruprecht, Göttingen.

Franz Hütter, Sandra Mareike Lang (2017): Neurodidaktik für Trainer. Trainingsmethoden effektiver gestalten nach den neuesten Erkenntnissen der Gehirnforschung. managerSeminare, Bonn.

Thomas Hummel (2017): Digital Detox. Sieben Tipps zur digitalen Entgiftung. In: Süddeutsche Zeitung, 28. November 2017, https://www.sueddeutsche.de/leben/digital-detox-sieben-tipps-zur-digitalen-entgiftung-1.3754567.

Lutz Jäncke (2021): Von der Steinzeit ins Internet. Der analoge Mensch in der digitalen Welt. Kapitel: Homo sapiens – Homo digitalis? Hogrefe Verlag, Bern.

Christian Keysers (2011): Unser empathisches Gehirn. Warum wir verstehen, was andere fühlen. Bertelsmann Verlag, München.

Stefan Kölsch (2022): Die dunkle Seite des Gehirns. Wie wir unser Unterbewusstsein überlisten und negative Gedankenschleifen ausschalten. Kapitel: Entstehung der Bindungsstile in der frühen Kindheit. Ullstein, Berlin.

Boris Nikolai Konrad (2022): Mehr Platz im Gehirn. Entspannt mit der Informationsflut und dem modernen Leben umgehen. Ariston Verlag, München.

Boris Nikolai Konrad (2013): Superhirn. Gedächtnistrainer mit einem Weltmeister. Goldegg, Berlin 2013.

Martin Korte (2023a): Frisch im Kopf. Wie wir uns aus der digitalen Reizüberflutung befreien. Mit vielen konkreten Tipps für fokussiertes Arbeiten und effektives Lernen. Kapitel: Trainingsprogramm für den Stirnlappen. DVA, München.

Martin Korte (2023b): Frisch im Kopf. Wie wir uns aus der digitalen Reizüberflutung befreien. Mit vielen konkreten Tipps für fokussiertes Arbeiten und effektives Lernen. Kapitel: Überlebenskampf im Daten-Dschungel. DVA, München.

Martin Korte (2023c): Frisch im Kopf. Wie wir uns aus der digitalen Reizüberflutung befreien. Mit vielen konkreten Tipps für fokussiertes Arbeiten und effektives Lernen. Kapitel: Tippen, Klicken, Lesen: Leseerziehung in einer Welt der Bildschirme. DVA, München.

Martin Korte (2023d): Frisch im Kopf. Wie wir uns aus der digitalen Reizüberflutung befreien. Mit vielen konkreten Tipps für fokussiertes Arbeiten und effektives Lernen. Kapitel: Was du heute kannst besorgen. DVA, München.

Martin Korte (2023e): Frisch im Kopf. Wie wir uns aus der digitalen Reizüberflutung befreien. Mit vielen konkreten Tipps für fokussiertes Arbeiten und effektives Lernen. Kapitel: Die Ökonomie der Aufmerksamkeit. DVA, München.

Martin Korte (2023f): Frisch im Kopf. Wie wir uns aus der digitalen Reizüberflutung befreien. Mit vielen konkreten Tipps für fokussiertes Arbeiten und effektives Lernen. Kapitel: Pokémons fürs Leben. DVA, München.

Martin Korte (2019a): Hirngeflüster. Wie wir lernen, unser Gedächtnis effektiv zu trainieren. Kapitel: Macht Wohlstand Gehirne glücklicher? Europa Verlag, Berlin, München, Zürich, Wien.

Martin Korte (2019b): Hirngeflüster. Wie wir lernen, unser Gedächtnis effektiv zu trainieren. Kapitel: Wie innere Dialoge die Kreativität und die Motivation fördern. Europa Verlag, Berlin, München, Zürich, Wien.

Martin Korte (2019c): Hirngeflüster. Wie wir lernen, unser Gedächtnis effektiv zu trainieren. Kapitel: Menschen! Europa Verlag, Berlin, München, Zürich, Wien.

Martin Korte (2019d): Hirngeflüster. Wie wir lernen, unser Gedächtnis effektiv zu trainieren. Kapitel: Nur fokussiertes und bewusstes Lernen fördert das Gedächtnis. Europa, Berlin, München, Zürich, Wien.

Michael Kühl-Lenjer (2022a): Lernen mit Hirn. Neurodidaktische Impulse für eine gehirngerechte Aus- und Weiterbildung. BusinessVillage, Göttingen.

Michael Kühl-Lenjer (2022b): Lernen mit Hirn. Neurodidaktische Impulse für eine gehirngerechte Aus- und Weiterbildung. BusinessVillage, Göttingen.

Michael Kühl-Lenjer (2022c): Gierig auf Neues. BusinessVillage, Göttingen.

Michael Kühl-Lenjer (2019): Mit Neurokompetenz zum Verkaufserfolg (GEHIRN-WISSEN-KOMPAKT). Aktuelle Erkenntnisse der Gehirnforschung. FQL-Publishing, München.

Kerstin Kullmann (2020a): Ärzte, Soziologen und Neuroforscher entschlüsseln die Glücksformel. Was uns im Leben wirklich glücklich macht. https://www.spiegel.de/wissenschaft/was-uns-im-leben-wirklich-gluecklich-macht-kopie-a-92f6b354-320e-4401-a594-0a16a27798f0.

Kerstin Kullmann (2020b): Es gibt nur eine Art von Glück, die einem nicht langweilig wird. Ein Interview mit Gerhard Roth. https://www.spiegel.de/wissenschaft/mensch/hirnforscher-gerhard-roth-es-gibt-nur-eine-art-von-glueck-die-einem-nicht-langweilig-wird-a-09485b7c-700d-4ae4-9eea-71343450b0f2.

Dolores Kummer (2013): Was du heute kannst besorgen. Frankfurter Allgemeine Zeitung, 7. März 2013, https://www.faz.net/aktuell/karriere-hochschule/buero-co/aufschieberitis-was-du-heute-kannst-besorgen-12098333.html.

Kai Kupferschmidt (2011): Erinnern ist ein kreativer Prozess. Ein Interview mit Elizabeth Loftus. https://www.dasgehirn.info/denken/gedaechtnis/erinnern-ist-ein-kreativer-prozess?language=en.

Jule Lutteroth (2023): Wer positiv übers Alter denkt, lebt bis zu 13 Jahre länger. Ein Interview mit Susanne Wurm. https://www.spiegel.de/psychologie/lange-und-gut-leben-wer-positiv-uebers-alter-denkt-lebt-bis-zu-13-jahre-laenger-a-2d943747-0eb8-465e-bc5d-71218f356e0e.

Manuela Macedonia (2018): Beweg dich und dein Gehirn sagt danke. Wie wir schlauer werden, besser denken und uns vor Demenz schützen. Kapitel: Schon die Römer sagten: Ein gesunder Geist in einem gesunden Körper. Brandstätter Verlag, Wien.

Daniel Müller (2021): Auf der Suche nach dem verborgenen Talent. https://www.zeit.de/zeit-wissen/2021/06/talent-hirnforschung-lebensretter-verborgen-faehigkeiten.

Bettina Musall (2007): Gefühle. Wo die Liebe vernünftig ist. https://www.spiegel.de/politik/wo-die-liebe-vernuenftig-ist-a-bc16276d-0002-0001-0000-000052637684

Shane O'Mara (2020): Das Glück des Gehens. Was die Wissenschaft darüber weiß und warum es uns so guttut. 2. Auflage. Rowohlt Buchverlag, Hamburg.

Daniela Otto (2022): Digital Detox. Die ideale Anleitung für eine gesunde Smartphonenutzung. Springer Verlag, Berlin.

Thorsten Pachur und Melanie Spaar (2015): Domain-specific preferences for intuition and deliberation in decision making. https://psycnet.apa.org/fulltext/2015-45188-017.html.

Franca Parianen (2017): Woher soll ich wissen, was ich denke, bevor ich höre, was ich sage? Die Hirnforschung entdeckt die großen Fragen des Zusammenlebens. Rowohlt Buchverlag, Hamburg.

Dominik Philip, Johannes Heib (2021): Labor für Schlaf und Bewusstseinsforschung. Universität Salzburg. Vortrag am 5. Januar 2021, Akademie für Neurowissenschaftliches Bildungsmanagement.

Rainer Rosenzweig (2010): Geistesblitz und Neuronendonner, Intuition, Kreativität und Phantasie. mentis Verlag, Münster.

Gerhard Roth (2021): Über den Menschen. eBook Suhrkamp Verlag, Berlin.

Gerhard Roth (2019a): Warum es so schwierig ist, sich und andere zu ändern. Persönlichkeit, Entscheidung und Verhalten. 2. Auflage. Kapitel: Die Grundlagen von Veränderung und Lernen. Klett-Cotta, Stuttgart.

Gerhard Roth (2019b): Warum es so schwierig ist, sich und andere zu ändern. Persönlichkeit, Entscheidung und Verhalten. 2. Auflage. Kapitel: Die Stabilität der Persönlichkeitsmerkmale. Klett-Cotta, Stuttgart.

Gerhard Roth (2019c): Warum es so schwierig ist, sich und andere zu ändern. Persönlichkeit, Entscheidung und Verhalten. 2. Auflage. Kapitel: Belohnung. Klett-Cotta, Stuttgart.

Gerhard Roth (2019d): Warum es so schwierig ist, sich und andere zu ändern. Persönlichkeit, Entscheidung und Verhalten. 2. Auflage. Kapitel: Was kann man bei der Selbsterforschung dennoch erreichen? Klett-Cotta, Stuttgart.

Gerhard Roth (2015): Bildung braucht Persönlichkeit. Wie lernen gelingt. Klett-Cotta, Stuttgart.

Gerhard Roth, Alica Ryba (2016): Coaching, Beratung und Gehirn. Neurobiologische Grundlagen wirksamer Veränderungskonzepte. Klett-Cotta, Stuttgart.

Gerhard Roth, Nicole Strüber (2015): Wie das Gehirn die Seele macht. Klett-Cotta, Stuttgart.

Patrick Rottler und Leo Martin (2021): Die geheimen Muster der Sprache. Redline Verlag, München.

Oliver Sacks (2017): Das kreative Selbst. https://www.spektrum.de/magazin/oliver-sacks-vermaechtnis-das-kreative-gehirn/1508509.

Edith Sanches (2023): Was die Neurowissenschaft über Prokrastination verrät. https://gedankenwelt.de/was-die-neurowissenschaft-ueber-prokrastination-verraet.

Elke Schmitter (1997): Vom Erfolg des Scheiterns. Und siehe, die Pflicht war keine Freude: Wie eine moderne junge Frau sich selber fand. https://www.zeit.de/1997/37/Vom_Erfolg_eines_Scheiterns.

Birgit Schumacher (2023): Psychologische Sicherheit. Das Entwicklungselixier für persönliches Wachstum, Teams und Organisationen. BusinessVillage, Göttingen.

Anne Seith (2023): Fett macht nicht fett. Das ist ein hartnäckiger Mythos. Interview mit Stephan Martin. https://www.spiegel.de/gesundheit/stephan-martin-ueber-gesunde-ernaehrung-fett-macht-nicht-fett-das-ist-ein-hartnaeckiger-mythos-a-a5fbd58e-d4b3-44fe-978e-78ab2cea53e2.

Tania Singer (2022): Mitfühlender werden und entspannter leben. Interview mit Wiebke Knoche. 27. April 2022. https://www.tk.de/techniker/magazin/life-balance/stress-bewaeltigen/interview-tania-singer-mitgefuehl-empathie-2126522?tkcm=ab.

Manfred Spitzer (2021): Was ist Glück? Ein psychologischer und neurowissenschaftlicher Blick auf unser Glücksempfinden. mvg Verlag, München.

Manfred Spitzer (2015): Cyberkrank. Wie das digitalisierte Leben unsere Gesundheit ruiniert. Droemer Verlag, München.

Manfred Spitzer, Wulf Bertram (2020): Hirngespinste. Die besten Geschichten über unser wichtigstes Organ. Schattauer, Stuttgart.

Manfred Spitzer, Norbert Herschkowitz (2020): Wie wir denken und lernen. Ein faszinierender Einblick in das Gehirn von Erwachsenen. mvg verlag, München.

Konrad Stadler (2021): Veränderungsbewusstsein. Eine Anleitung zum neuen Umgang mit dem Wandel. BusinessVillage, Göttingen.

Maja Storch, Gerhard Roth (2021): Das schlechte Gewissen. Quälgeist oder Ressource? Hogrefe Verlag, Bern.

Maja Storch et al. (2017): Embodiment. Die Wechselwirkung von Körper und Psyche verstehen und nutzen. 3. unveränderte Auflage. Hogrefe Verlag, Bern.

Maja Storch (2005): Das Geheimnis kluger Entscheidungen. Von Bauchgefühl und Körpersignalen. Goldmann Verlag, München.

t2informatik (2024): Gesetz von Amara. Die Einschätzung von technologischen Auswirkungen im Verlauf der Zeit. https://t2informatik.de/wissen-kompakt/gesetz-von-amara.

Katja Thimm, Gerald Traufetter (2004): Das Hirn trickst das Ich aus. Interview mit Gerhard Roth. https://www.spiegel.de/wissenschaft/das-hirn-trickst-das-ich-aus-a-35c62744-0002-0001-0000-000038627610.

Oliver Tüscher (2022): Geistig fit bis ins hohe Alter. Das Geheimnis der gesunden Gehirne. Interview von Jörg Blech. https://www.spiegel.de/wissenschaft/medizin/gehirn-das-geheimnis-eines-fitten-denkorgans-a-04d83b1c-5eb8-4efd-9e05-9d0da798227e.

Universität Paderborn (2023): Handy aus, Gehirn an. Paderborner Studie zur Auswirkung von Smartphones auf die Aufmerksamkeit. https://www.uni-paderborn.de/nachricht/123972.

Unternehmerhandbuch (2018): Lebenslanges Lernen. So organisieren Sie es in Ihrem Unternehmen richtig. https://das-unternehmerhandbuch.de/lebenslanges-lernen.

Maren Urner (2021a): Raus aus der ewigen Dauerkrise. Mit dem Denken von morgen die Probleme von heute lösen. Kapitel: It's all in your head! 3. Auflage. Droemer eBook, München.

Maren Urner (2021b): Raus aus der ewigen Dauerkrise. Mit dem Denken von morgen die Probleme von heute lösen. Kapitel: Dynamisches Denken überwindet das Lagerdenken. 3. Auflage. Droemer eBook, München.

Maren Urner (2021c): Raus aus der ewigen Dauerkrise. Mit dem Denken von morgen die Probleme von heute lösen. Kapitel: Alles ist ... eine Kosten-Nutzen-Analyse. 3. Auflage. Droemer eBook, München.

Maren Urner (2019): Schluss mit dem täglichen Weltuntergang. Droemer Knaur, München.

Nora Voit (2019): Stress im Alltag. Wir haben verlernt, wie Erholung geht. Interview mit Ilona Bürgel. 22. August 2019. https://www.zeit.de/arbeit/2019-08/stress-alltag-urlaub-entspannung-ilona-buergel.

Welt online (2012): Norwegens Kronprinzessin über ihre Patchwork-Familie. Mette-Marit: »Es war nicht immer einfach«. 23. Dezember 2012. https://www.welt.de/newsticker/leute/stars/article112205796/Mette-Marit-Es-war-nicht-immer-einfach.html.

Matthew Walker (2018): Das große Buch vom Schlaf. Goldmann Verlag, München.

Ulrich Wickert (2012): Neugier und Übermut. Von Menschen, die ich traf. Hoffmann und Campe, Hamburg.

Yvo Wüest (2022): Mini-Handbuch. Didaktische Reduktion. Beltz Verlag, Weinheim Basel.

Zeitschriften

Focus Magazin (2023): Kampf um Rohstoffe. Ausgabe 2/2023. Focus Magazin Verlag, München.

Gehirn & Geist (2023a): Besser denken dank Brainfood? Ausgabe 12/2023. Spektrum der Wissenschaft Verlagsgesellschaft, Heidelberg.

Gehirn & Geist (2023b): Der Schlüsselfaktor. Ausgabe 11/2023. Spektrum der Wissenschaft Verlagsgesellschaft, Heidelberg.

Gehirn & Geist (2023c): Neugier. Wie sie entsteht und wann sie uns überfordert. Ausgabe 9/2023. Spektrum der Wissenschaft Verlagsgesellschaft, Heidelberg.

Gehirn & Geist (2023d): Die Macht der Erwartung. Ausgabe 6/2023. Spektrum der Wissenschaft Verlagsgesellschaft, Heidelberg.

Gehirn & Geist (2022): Kahlschlag im Gehirn. Ausgabe 7/2022. Spektrum der Wissenschaft Verlagsgesellschaft, Heidelberg.

GEO Gesundheit (2019): Die Heilkraft unseres Körpers. Wie wir das Immunsystem stärken und Krankheiten besser überwinden können. Ausgabe 10/2019. G+J Medien, Hamburg.

GEO kompakt (2015): Jung im Kopf. Nr. 44, Ausgabe 9/2015. G+J Medien, Hamburg.

Spektrum kompakt (2023): Wahrnehmung. Zusammenspiel von Sinnen und Gehirn. Ausgabe 41/2023. Spektrum der Wissenschaft Verlagsgesellschaft, Heidelberg.

Clever visualisieren

Sigi Bütefisch
Clever visualisieren
Besser denken, erklären, inspirieren, lenken mit sketch4effects
1. Auflage 2023

184 Seiten; Broschur; 24,95 Euro
ISBN 978-3-86980-707-2; Art.-Nr.: 1175

Das Sketchnoting Workbook – von ganz einfach bis einfach genial

Kann man Gedanken und Zusammenhänge einfach sichtbar machen? Ja, durchs Visualisieren mit sketch4effects.

Clevere Visualisierungen »schießen« selbst Zahlen, Daten und Fakten durchs Herz ins Hirn! Das bringt mehr, als nur als Flipcharts aufzuhübschen und dekorative Bildchen zu malen. Sketch4effects hilft dir beim Lernen, Erklären, Strukturieren, Inspirieren, Lenken, Präsentieren, Moderieren.

Sigi Bütefisch zeigt dir in diesem Workbook, wie du Menschen visuell bewegst. Egal, ob du bis jetzt nur Mausbediener oder schon leidenschaftlicher Visualisierer bist. Schon die ersten Impulse und Übungen nutzen dir bei deinen täglichen Aufgaben. Alle Impulse bauen aufeinander auf und machen jede Zeichenfläche zur Bühne fesselnder visueller Storys rund um deine Themen. Storys, die helfen, mehr zu verstehen und besser verstanden zu werden.

Am Ende dieses Buches wird »der Stift in der Hand«, egal, ob klassisch oder digital, für dich dein unverzichtbarer Zauberstab für bessere Ergebnisse sein.

Mein Tipp: Hebe deine Visualisierungen, die im Laufe dieses Buches entstehen, auf. Du wirst dich beim Blick zurück über deine Visualisierungsfortschritte freuen – garantiert.

77 magische Bilder, die dich stärker machen

Markus Hörndler
77 magische Bilder, die dich stärker machen
Das inspirierende Motivationsbuch
1. Auflage 2024

192 Seiten; Broschur; 19,95 Euro
ISBN 978-3-86980-731-7; Art.-Nr.: 1186

Wir leben in einer Zeit voller Stressfaktoren, Leistungsdruck, Weltproblemen und Zukunftssorgen. Negative Gedanken dominieren.

Das Leben verlangt uns vieles ab. Wie du deine Persönlichkeit und deinen Kopf stärkst, illustrierte Markus Hörndler in 77 bewegenden Bildern, die auf inspirierende Art und Weise darstellen, wie du mit Optimismus, Zuversicht und positiven Gefühlen dir selbst und anderen Menschen begegnest.

Sie bringen dich zum Nachdenken, zum Umdenken und dazu, neue Möglichkeiten im Leben zu sehen.

Ganz ohne starre Verhaltensvorschriften gibt dir dieses Buch anregende Impulse, die richtigen Fragen zu stellen, und stärkt deine dir innewohnende Motivation.

www.BusinessVillage.de